H A N G
CHINA
KHA
Lhasa
Yarlung Tsangpo
Ü-TSANG
Tsochen
Tashilunpo
Shigatse
Gyantse
A L A J A
Choeso
Lunana
Merak
Saka Dzong
Yarlung Tsangpo
Sakya
BHUTAN
Bumtang
Tongsa
Taktsang
Paro
Punakha
Tewa
Lomanthang
Sikkim
Lori
Mt. Everest, 8846 m
USTANG
Lhotse, 8516 m
Westbengalen
A J A
nnapurna I, 8091 m
Kathmandu
BANGLADESCH

Dem Andenken an Roger Goepper gewidmet

Jaroslav Poncar

# KLÖSTER IM HIMALAJA

Mit Texten von Christian Luczanits und Jaroslav Poncar

EDITIONPANORAMA

Chorten in Phiyang, Ladakh, 1982

Tsarang Gompa, im Hintergrund das Annapurnamassiv und Dhaulagiri, Mustang, 1996

Phiyang Gompa, Ladakh, 1999

Lamayuru, Ladakh, 1984

## Klöster im Himalaja

Der Himalaja, die höchste Gebirgskette der Erde, war für die Bevölkerung Indiens seit jeher der Sitz ihrer Götter, auch wenn der Name selbst in Sanskrit bedeutet, dass er die „Heimat des Schnees" ist. Der Mensch überließ diese Bergwelt nicht den Göttern alleine, er drang schon vor Jahrtausenden hinein und trotzte ihr Überleben ab. Je lebenswidriger die Umwelt, so scheint es, desto intensiver ist die Hingabe zur Religion. An die Götter wendet sich der Mensch, um ihre Hilfe beim Überlebenskampf zu erbitten.

Am Ende des ersten Millenniums unseres Zeitalters drang in den Himalaja vom Westen aus der Islam vor. Das ursprünglich hinduistische und buddhistische Kaschmir-Tal ist seit dem 13. Jahrhundert mohammedanisch. Ladakh, bis Mitte des 19. Jahrhunderts ein unabhängiges Königreich und heute ein Distrikt des indischen Bundesstaates Jammu und Kaschmir, ist aber überwiegend buddhistisch. Wie im übrigen Hochland des Himalajas ist der Buddhismus tibetischer Prägung. Die meisten Himalajavölker sind von mongolischem Typ und sprechen Sprachen, die mehr oder weniger mit dem Tibetischen verwandt sind, auch die religiösen Schriften sind in Tibetisch. Eine Ausnahme ist das im Zentralhimalaja liegende Nepal, dort werden sowohl Hinduismus als auch Buddhismus in einer eigenen Prägung praktiziert.

Klöster und Mönchsleben sind ein charakteristischer Zug des tibetischen Buddhismus. Auf Tibetisch heißt Kloster „gompa", was so viel wie „abgelegener Ort" bedeutet. Vor 1959 gab es in Tibet Gompas mit mehreren tausend Mönchen, die man eher als Klosterstädte bezeichnen kann. Sie waren nicht nur Zentren des Betens, der Rituale oder der Meditation, sie stellten eine reale politische Kraft dar. Wie bei den westlichen Religionen sind die Gompas Horte der Kunst. Das vorliegende Buch widmet sich den Ritualen und der Kunst in Klöstern in Ladakh, Zanskar, Mustang (Nepal), Bhutan und Tibet.

Die fast magische Anziehungskraft des Himalajas hat in mir wohl Shangri La geweckt. Als ich acht oder neun Jahre alt war, las unsere Mutter „Der verlorene Horizont" von James Hilton und erzählte uns davon. Irgendwo im Himalaja soll es ein Land, eine Art paradiesische Insel sein, umgeben von himmelhohen Schneebergen – Shangri La, wo die Menschen ein so entspanntes und glückliches Leben führen, dass sie steinalt werden. Und da der Mount Everest gerade zum ersten Mal bestiegen war, dachte ich mir, dass ich als erster Shangri La entdecken würde. Ich wuchs in der kommunistischen Tschechoslowakei auf, und aus mir heute unerklärlichen Gründen gab es in meinem ersten Geschichtsbuch, in der allgemeinen Einführung in die marxistisch-leninistische Geschichtstheorie, ein Foto vom Potala, dem Sitz der Dalai Lamas in Lhasa. Die Bildunterschrift sagte „Sitz eines Feudalherrschers". Und den wollte ich unbedingt sehen, wenn ich einmal groß sein würde.

Zum Glück kam ich 1966 mit einem Stipendium nach Aachen und als die Sowjets 1968 in die Tschechoslowakei einmarschierten, befand ich mich auf der richtigen Seite des „Eisernen Vorhangs". Irgendwann sah ich im ZDF einen Bericht aus Ladakh. Die indische Regierung erlaubte einer Gruppe von Journalisten die Reise dorthin, um über den Grenzkrieg zwischen Indien und China im Jahr 1962 zu berichten. In dem Bericht sah ich die Burg in Leh, die mich an den Potala erinnerte. Von den Klöstern in Ladakh, die sicherlich in dem Bericht vorkamen, blieb mir nichts mehr in Erinnerung. Es waren aber gerade die dortigen Gompas, an denen ich schließlich fast 40 Jahre lang hängen blieb, wie anhand dieses Buches unschwer zu erkennen ist.

Die Verbindungstraße von Srinagar nach Leh, für mich die aufregendste der Welt, wurde erst während des Grenzkrieges zwischen Indien und China um das Hochplateau Aksai Chin gebaut. Auf der ersten Fahrt nach Leh im Sommer 1974 – erst wenige Wochen zuvor war Ladakh für Ausländer geöffnet worden – hatte ich keine Vorstellungen, was mich dort erwarten würde. Es gab keine Bildbände oder Reiseführer über Ladakh, denn das Land war bis zu diesem Zeitpunkt fast hermetisch abgeschlossen. Selbst in Britisch-Indien – zur Erinnerung: Ladakh war ein Teil des Fürstenstaates Jammu und Kaschmir – war es so entlegen, dass nur wenige Briten an den Oberlauf des Indus bei Leh kamen. Jede Gompa war eine Überraschung, etwas ganz Neues. Das erste große Kloster auf der Fahrt war Lamayuru. Überwältigend ist Lamayuru heute noch, auch wenn es dort in letzter Zeit gewaltige Veränderungen gab. Die meisten großen Gompas warten auf den Reisenden im oberen Industal bei Leh: Phiyang, Spituk, Tiksey, Stakna, Mattoo, Chemrey und Hemis. Erst im Sommer 2005 konnte ich Karzok, die mit 4.550 Metern über dem Meer am höchsten gelegene Gompa in Ladakh, besuchen. Im unteren Industal befinden sich Lamayuru, Ridzong, Tingmosgang, Wanla, Likir und vor allem Alchi. Ridzong Gompa ist unter den großen Klöstern das einzige, das sich nicht dominant über einem Dorf erhebt, sondern in einem Seitental des Indus versteckt ist. Erst Mitte des 19. Jahrhunderts gegründet, ist es auch das jüngste unter den großen Gompas. Beim ersten Besuch im Winter 1976 musste ich von der Leh-Srinagar-Straße eine Stunde zu Fuß gehen. Die Zeiten ändern sich aber auch im Himalaja: Man kann mittlerweile bei allen großen Gompas mit dem Auto vorfahren.

Die Wandmalereien in den Tempeln von Alchi Choskhor sind sicherlich die aufregendsten der ganzen Himalajakette. Die ersten Aufnahmen von ihnen habe ich im Sommer 1980 gemacht. Im darauffolgenden Jahr kehrte ich mit Roger Goepper, damaliger Direktor des Museums für Ostasiatische Kunst in Köln, zurück, um die vollständige Dokumentation zu

Phiyang Gompa, Ladakh, 1979

beginnen. Während ich die Miniaturmalereien im Alchi Choskhor dokumentierte, widmete sich Roger Goepper ihrem Studium. 20 Jahre lang bin ich dann immer wieder in den Himalaja gereist, um die frühe buddhistische Wandmalerei in Alchi, Tabo, Tholing und in Mustang zu dokumentieren.

In jedem großen Kloster im Himalaja findet jährlich ein Fest mit Maskentänzen statt. In Ladakh habe ich einige erleben können und zeige vier davon in diesem Buch: Lamayuru Kabgyad, Tiksey Gustor, Likir Dosmoche und Mattoo Nagrang. Mit Ausnahme vom Festival in Hemis fanden alle bis vor kurzem im Winter statt. Einige sind neuerdings in den Sommer verlegt worden.

Im Westhimalaja südöstlich von Ladakh liegt Spiti, das Ladakh in jeder Hinsicht sehr ähnlich ist. Bis Anfang der 1990er Jahre war es für Ausländer gesperrt. Roger Goepper und ich haben 1984 aber eine Genehmigung bekommen, die ältesten im Himalaja erhaltenen Wandmalereien im Kloster Tabo zu fotografieren. Wir durften aber nur in den Tempeln fotografieren, selbst eine Außenansicht war nicht erlaubt. Die Landschaftsaufnahmen in diesem Buch stammen daher von späteren Reisen.

Im Sommer 1985 war es endlich soweit, dass ich nach Tibet kam. Nach Lhasa bin ich auf dem Landweg aus Chengdu in Sichuan gereist. Dort konnte ich mich der allerersten Reisegruppe zum Mount Kailash anschließen, weil die Firma Olympus für mich die exorbitant hohen Reisekosten übernommen hatte. Es war auch die einzige Gruppenreise meines Lebens. Ich bedauere, dass ich zu spät nach Tibet gekommen bin, denn etwa zehn Jahre davor war die „Kulturrevolution" beendet worden. Wie viele tausend Klöster es in Tibet vor 1950 gab, weiß wohl niemand genau. Nur ungefähr zwei Dutzend davon sind erhalten geblieben, einige davon mit erheblichen Schäden. Es war deprimierend, die großen Gompas und Klosterstädte in Ruinen zu sehen. Es war allerdings ermunternd, überall auf meinen Reisen (1985, 1986, 1987 und 1993) quer durch ganz Tibet, von Sichuan im Osten bis Tsaparang und Tholing im extremen Westen, den Wiederaufbau zu beobachten.

Die Chinesen haben in allen Klöstern Innenaufnahmen streng verboten. Auf meiner zweiten Reise nach Tibet im Sommer 1986 blieb ich mehrere Tage in Gyantse. Hier hat der sagenhafte Kumbum Chorten das Wüten der Rotgardisten überlebt. Dank eines Fotos, das den Dalai Lama, Roger Goepper und mich während der Kölner Alchi-Ausstellung zeigt, haben die wenigen Mönche, die es damals im Kloster gab, mir verschwörerisch erlaubt, im Kumbum Chorten und den Tempeln heimlich zu fotografieren.

Im Sommer 1993 fand meine vierte und letzte Reise nach Tibet statt. Ich wurde eingeladen, an einer wissenschaftlichen Expedition der Universität Wien nach Tholing teilzunehmen, um die dort erhaltene Wandmalerei zu dokumentieren. Zum Glück liegen diese beiden Orte am äußersten Ende im Westen Tibets, und so musste ich wieder einmal quer durch ganz Tibet reisen. In Tsaparang durfte ich auch diesmal, aus völlig unerklärlichen Gründen, keine Innenaufnahmen machen.

Während Tibet, das lange Zeit für Ausländer das „verbotene Land" war, im Sommer 1985 auf die Liste des Ferntourismus kam, blieb Mustang immer noch ein frommer Wunsch für Himalajafans. Erst 1992 öffnete die nepalesische Regierung das hinter den Achttausendern Annapurna und Dhaulagiri versteckte Königreich für den sanften Tourismus. Bis dahin war es nicht einmal einem Dutzend Forschern und Abenteurern gelungen, die Hauptstadt Lomanthang zu erreichen. Heute gibt es sogar eine für Jeeps befahrbare Straße in das obere Tal des Kali Gandaki. Die Tempel aus dem 15. Jahrhundert in Lomanthang sind Zeugen eines damals florierenden Königreichs. Ich hatte das Glück, dass ich die großartige Wandmalerei dokumentieren durfte. Auch die Höhlenmalerei in Lori ist in dieser Publikation vertreten.

Im Osten des Himalajas liegt das einzige noch bestehende unabhängige Königreich Bhutan. Während am westlichen Ende des Himalajas und in Mustang wüstenähnliches Klima herrscht und nur das Schmelzwasser der Gletscher und der Schneefelder zur Bewässerung für Landwirtschaft verwendet werden kann, hat die Natur Bhutan mit Regen gesegnet. Das Land ist üppig grün und zwei Drittel sind bewaldet. Bis 2.000 Meter über dem Meeresspiegel wird sogar Reis angebaut. Die Bevölkerung ist ebenfalls buddhistisch, und viele der Gompas werden hier „dzong" genannt, sie sind eine Art Klosterburg. Die Dzongs sind nicht nur Klöster, sondern auch Sitz der Distriktverwaltung. Das Königreich Bhutan, bis in die Mitte der 1970er Jahre ohne Straßen, begann sich seit den 1980er Jahren langsam zu öffnen. Die Zahl der Touristen wird durch hohe Reisekosten im Vergleich zu anderen Regionen des Himalajas niedrig gehalten. Während meiner drei Bhutan-Reisen konnte ich keine Innenaufnahmen in den Dzongs machen, und so bleibt es in diesem Buch bei Landschaftsaufnahmen.

Alle Aufnahmen sind zwischen 1974 und 2014 entstanden und haben historischen Charakter. Meinem Freund, dem Ladakhi Mönch Konchok Phanday, danke ich an dieser Stelle dafür, dass er mit mir über Jahrzehnte seine Weisheit teilte. Dank Roger Goepper habe ich die buddhistische Kunst im Himalaja ganz intensiv erleben können. Ihm ist dieses Buch gewidmet.

*J. Poncar, Köln im Juli 2015*

Spituk Gompa, Ladakh, 1982

Karzok Gompa auf 4.560 Metern über dem Meeresspiegel am Westufer des Sees Tso Moriri gehört zu den am höchsten gelegenen Klöstern im gesamten Himalaja, Ladakh, 2005

Stakna Gompa auf einem Inselberg am Indus, Ladakh, 1982

 Lamayuru im Winter, Ladakh, 1976

Stakna Gompa auf einem Inselberg am Indus, Ladakh, 1979

 Ridzong Gompa, Ladakh, 1976

 Phiyang Gompa, Ladakh, 1981

Blick auf das Indus-Tal vom Dach der Tiksey Gompa, Ladakh, 1980

Chemrey gehört zu den großen Klöstern in Zentralladakh und ist etwa 40 Kilometer von Leh entfernt. Die Mönche gehören der Drugpa-Kagyü-Schule an. Während man bei den übrigen großen Gompas in Ladakh in den letzten Jahren einen Aufschwung und große Bauaktivitäten verzeichnen konnte, kommt einem Chemrey sehr vernachlässigt vor. Es liegt vielleicht daran, dass der Rinpoche nicht permanent anwesend ist und die großen Touristenströme der letzten Jahre ebenfalls nicht hierher kommen. In ihrem knappen Zeitplan reicht der Besuch des Hauptklosters der Schule, Hemis, im gegenüberliegenden Seitental des Indus.

Tingmosgang (S. 28/29) im unteren Ladakh liegt ebenfalls in einem Seitental des Indus. Der Bau ist bei weitem nicht so imposant wie der von Chemrey. In der Geschichte Ladakhs spielte der Ort aber eine wichtige Rolle. Im 15. Jahrhundert war Tingmosgang Hauptstadt des Königreichs und von hier aus stammt auch die Dynastie der Namgyals, die ab Anfang des 17. Jahrhunderts von Leh aus herrschten, bis sie 1841 von den Dogras (Sikhs) erobert wurden. Nach dem Tod des Fünften Dalai Lama hat der Regent von Tibet einen Botschafter nach Ladakh entsandt, und es war hier, wo 1684 der Vertrag von Tingmosgang unterzeichnet wurde, der die Grenzen zwischen beiden Ländern festlegte, die bis heute ihre Gültigkeit haben.

*J. Poncar*

Chemrey Gompa, Ladakh, 2014

 Chemrey Gompa, Ladakh, 2014

 Tingmosgang Gompa, Ladakh, 2014

 Lamayuru, Ladakh, 1992

## Ladakh · Lamayuru

Dieses Kloster und das Dorf liegen in einer der aufregendsten Landschaften des Westhimalajas. Oft spricht man von einer „Mondlandschaft“, wenn von Lamayuru die Rede ist. Der Legende nach gab es ursprünglich an dieser Stelle einen See, und wie es im Himalaja oft der Fall ist, wohnte in dem See eine Naga, ein Drachen oder eine böse Schlange, die den Menschen großen Ärger machte. Schließlich, so die Legende, erschien der Heilige Arhata Madhyantika, um einen Abfluss in die Berge zu schlagen, der die Naga zum Verschwinden brachte. An dieser Stelle bauten dann die Menschen das Kloster. Ähnliche Geschichten gibt es an mehreren Stellen im Himalaja, wie zum Beispiel im Kaschmir- und Kathmandu-Tal in Nepal. Geologen sind gar der Meinung, dass im Fall von Lamayuru vor nicht allzulanger Zeit ein Erdbeben den Durchbruch eines natürlichen Dammes ermöglichte. Durch Wassererosion in den Sedimenten am Boden des Sees entstand dann diese bizzare Landschaft.

Die Mönche von Lamayuru gehören der Drigung-Kagyü-Schule an. Der jetzige Abt des Klosters ist die 9. Reinkarnation des Togdan Rinpoche. Er wurde 1938 in einer armen Familie in Dorbuk, ein kleines Dorf in Ladakh, geboren. Die vorherigen Reinkarnationen des Togdan Rinpoche stammten alle aus Tibet.

Das große Klosterfest mit Maskentänzen, das „yuru kabgyad“ („Acht Gottheiten“), fand bis 1991 im Dezember statt. Zu dieser Zeit nach Ladakh zu reisen, war für mich nicht möglich, weil ich im Lehrbetrieb der Fachhochschule eingespannt war. Es war eine große Überraschung, als ich bei der Ankunft in Ladakh im Sommer 1992 hörte, dass in einigen Tagen das große Fest in Lamayuru stattfinden würde. Keine Frage, dass ich, endlich, dabei sein musste! Der Verdacht lag nahe, dass die Verlegung in den Juli aufgrund der Touristen vorgenommen wurde, und ich konnte mir beim Treffen mit dem Togdan Rinpoche während des Festes die Frage dazu nicht verkneifen. Ursprünglich, so sagte mir der Rinpoche, fand das Fest im Sommer statt. Der Grund, warum dies vorübergehend geändert wurde, war folgender: Im Sommer 1840 fand eine Invasion der Sikhs unter General Zorawar Singh statt, bei der Ladakh seine Unabhängigkeit verlor. Wenn Ladakhis an den Klosterfesten teilnehmen, so ist dies ein besonderer Moment und für diese Gelegenheit ziehen sie ihre Festkleider an und Frauen tragen ihren besten Schmuck. Dieser Schmuck fiel nach dem Fest in die Hände der Invasoren. So wurde das Fest in den Dezember verlegt, denn im harten Winter Ladakhs waren dort keine Soldaten der Sikhs stationiert. Nun sei keine Invasion mehr zu befürchten und so findet das Fest wieder im Sommer statt, wenn es statt -20°C angenehme +20°C warm ist.

*J. Poncar*

Der Abt Togdan Rinpoche führt den Stieltrommeltanz „nga chams“ an, Lamayuru, Ladakh, 1992

Zwei Szenen vom Stieltrommeltanz, Lamayuru, Ladakh, 1992

„Chams khor chenmo“, der große Tanzkreis aller Masken, Lamayuru, Ladakh, 1992

Aufmarsch zum „zhanag chams“, dem Schwarzhuttanz, Lamayuru, Ladakh, 1992

 Die Oase Alchi am linken Ufer des Indus, Ladakh, 1992

## Ladakh · Alchi Choskhor

Es war schon auf der ersten Reise nach Ladakh im Sommer 1974 passiert... In Kaschmir, während der Hindu-Pilgerfahrt zur Höhle Amarnath im Sommer 1974, traf ich Rommel Varma, der auch mit Kameras behangen war und sprach ihn an. Als ich ihm erklärte, dass ich anschließend in das erst kürzlich zugängliche Ladakh reisen würde, erfuhr ich, dass er dort schon ein Jahr zuvor gewesen war und an einem Buch über Ladakh für Thames and Hudson in London arbeite. Er schlug ein Treffen in Ladakh vor, da er noch etwas mehr Material sammeln müsse.

Kurz nach meiner Ankunft in Ladakh kam auch Rommel an. Er empfahl mir den Besuch Alchis, da die Wandmalereien dort alles von mir bisher Gesehene in den Schatten stellen würden.

Er war mit einem Diener unterwegs und so hatte er eine viel größere Gepäckkapazität als ich. Mit dabei hatte er den 1968 erschienen Bildband der UNESCO von Madanjit Singh über die Kunst im Himalaja. Er zeigte mir einige Beispiele der Wandmalereien in Alchi, die ich jedoch nicht sonderlich bemerkenswert fand. Es passte zeitlich, dass wir gemeinsam einen Jeep für die Rückfahrt nach Srinagar mieten konnten. Etwa 60 Kilometer von Leh entfernt liegt Saspol, und dort gibt es eine Brücke - die Alchi-Brücke - über den Indus. Dort hielten wir an und Rommel sagte, wir müssten den Rest, etwa vier Kilometer, zu Fuß gehen. Als wir das Dorf sahen, fragte ich, wo die Gompa sei, denn wenn es dort so wichtige Kunst geben sollte, so erwartete ich auch ein großes Kloster, von der Art jener, die ich bereits gesehen hatte. Erst im letzten Augenblick sah ich den kleinen, fast winzigen Sumtsek, einen dreistöckigen Tempel. Ein Mönch öffnete ihn für uns. Zunächst sah ich fast gar nichts, da es innen sehr dunkel war. Rommel hatte aber eine Taschenlampe zur Hand und leuchtete hinein. Jetzt erkannte ich die drei fast vier Meter hohen Skulpturen und der Spot der Taschenlampe ließ unendlich viele miniaturhafte Wandbilder erscheinen. Rommel leuchtete in die Nische an der linken Seite des Tempels zu Füßen des Avalokiteshvara und machte mich auf die Grüne Tara aufmerksam - es war Liebe auf den ersten Blick! Bei jedem folgenden Besuch in Ladakh machte ich einen Abstecher nach Alchi.

Erst im Jahr 1980 kam es zu dem entscheidenden Besuch. Wolfgang Kohl und ich drehten für den WDR die Dokumentation „Der unbekannte Indus“. Einerseits wollte ich im Film die Geologie, andererseits die Kulturgeschichte entlang des für Indien namengebenden Flusses zeigen. Alchi liegt am linken Ufer, und so musste es im Film vorkommen. Es gab kein Licht in den Tempeln, und so blieb uns nur übrig, das Innere der Tempel zu fotografieren und anschließend aus den Fotos eine Montage herzustellen. Es war der Sommer, in dem die Straße bis zu den Tempeln fertig wurde. Und alsbald kamen auch die Busse mit den Touristen. Sie ärgerten sich über uns, weil wir sie in dem engen Sumtsek behinderten und aus dem gleichen Grund haben wir uns über sie geärgert. Zum Schluss äußerte Wolfgang die folgenschweren Worte: „Eigentlich müsste man das hier alles fotografieren. Wenn es mit dem Tourismus so weiter geht, dann ist es um die Wandmalerei schlecht bestellt. Kümmere dich darum, du kennst so viele Leute!“ Und so war ich im Sommer 1981 wieder in Alchi. Und viele weitere Aufenthalte sollten folgen.

*J. Poncar*

Alchi Choskhor, mit dem Sumtsek als höchstem Gebäude, Ladakh, 1984

 Fliegende vierarmige Göttin, Alchi Sumtsek, Erdgeschoß, Ladakh, 1983

Die Grüne Tara, Alchi Sumtsek, Erdgeschoß, Ladakh, 1981

Alchi beherbergt eine Reihe von buddhistischen Monumenten, die wichtigsten davon in einem Choskhor genannten Klosterbereich direkt über dem Indus (S. 38 / 39). Hier werden die beiden am besten erhaltenen Monumente davon vorgestellt: der dreistöckige Sumtsek und der etwas ältere Haupttempel. Wie Inschriften belegen, wurden diese von Mönchen der gleichen Familie gegründet, die zu der Zeit wohl auch über eine Region um Alchi geherrscht und Handel betrieben hat. Die Skulpturen und Malereien der Tempel bezeugen jedenfalls erstaunlichen Reichtum und weite internationale Vernetzung.

Die Malereien des in das frühe 13. Jahrhundert zu datierenden Alchi Sumtsek - der Name bezieht sich auf die drei Stockwerke des Gebäudes - sind einzigartig in Qualität und Erhaltungszustand. Ihre Details sind in einer Feinheit gefertigt, die sonst nur auf viel kleineren Malflächen zu finden ist. Die fliegende vierarmige Göttin auf Seite 42 ist mindestens doppelt so groß dargestellt, als sie tatsächlich ist. Wie klein die Göttin eigentlich ist, kann auch aus der vergoldeten Reliefmalerei geschlossen werden, mit der sowohl der Lotus als auch die Aura des von ihr verehrten Bodhisattva gefertigt sind, auch das eine Besonderheit der Malereien von Alchi. Ganz besondere Aufmerksamkeit wurde der sechsarmigen Form der Göttin Grüne Tara (S. 43) gewidmet, deren körperlicher Anmut durch die reichen Details im Schmuck und den Textilien nur erhöht wird. Eine extrem feine Strichschattierung verleiht ihrem Körper Volumen.

Die Grüne Tara befindet sich auf der linken Seitenwand der Nische von Bodhisattva Avalokiteshvara, die auf dieser Seite abgebildet ist. Wie alle drei Skulpturen in den drei Nischen des Tempels ist Avalokiteshvara vierarmig, von vier Gottheiten begleitet, und trägt ein reich gestaltetes, um die Hüfte gebundenes Tuch („dhoti“). Eine vierarmige Grüne Tara ist auch die Hauptgottheit in dem auf diesem Tuch zentral dargestellten Turmtempel (S. 45). Neben diesem Turm befindet sich ein von einer Schlange beherrschtes Wasserheiligtum. Dieses und das folgende Detail der Kleidung stellen wohl berühmte Orte aus dem Kaschmirtal dar, aus dem vermutlich auch die Maler kamen.

Die folgenden Seiten zeigen weltliche Szenen: Auf Seite 46/47 sind edle Reiter auf Falkenjagd zu sehen. Sie tragen reich verzierte Gewänder, hohe Stiefel und einen Turban. Sie reiten auf einen Königspalast zu, der ebenfalls ein Turm ist. In diesem Palast bewohnen das Herrscherpaar und deren Nachfolger die obersten Stockwerke. Himmlische und weltliche Musikanten flankieren den Turm, und eine elegant gekleidete Familie bietet ihre Dienste an, wie man aus der Haltung des Mannes schließen kann, der sein Schwert anbietet. *C. Luczanits*

 Bodhisattva Avalokiteshvara, Alchi Sumtsek, Erdgeschoß, Ladakh, 1991

Ein buddhistisches Heiligtum neben einem Schlangenheiligtum, Alchi Sumtsek, Ladakh, 1981

Falkenjagd, Alchi Sumtsek, Erdgeschoß, Ladakh, 1981

Königspalast, Alchi Sumtsek, Erdgeschoß, Ladakh, 1981

In der rechten Seitennische befindet sich der Bodhisattva Manjushri. Er ist von vier Göttinnen begleitet, und auf seiner Kleidung ist eine Gruppe von 84 indischen tantrischen Meistern (Mahasiddha) dargestellt. Das ist die älteste bekannte Darstellung dieser im tibetischen Buddhismus so populären Gruppe, die für die Gesamtheit der in Tibet übernommenen Lehren des esoterischen Buddhismus steht. Besondere Aufmerksamkeit kommt dem dunklen zwischen den Beinen kauernden Mahasiddha zu, der auch in anderen Monumenten Alchis zu finden ist und möglicherweise den südindischen Meister Phadampa Sangye darstellt, der im frühen 12. Jahrhundert in Tibet gewirkt hat. Die in den aus gefärbten Quadraten geformten Rhomben dargestellten Meister sind nur selten eindeutig identifizierbar. Der Mahasiddha auf S. 49 unterweist einen Schüler in einer besonderen Yogahaltung. *C. Luczanits*

 Bodhisattva Manjushri, Alchi Sumtsek, Erdgeschoß, Ladakh, 1981

Tantrischer Meister mit Schüler, Alchi Sumtsek, Erdgeschoß, Ladakh, 1981

Szenen aus dem Leben des Buddha, Alchi Sumtsek, Erdgeschoß, Ladakh, 1981

Die zentrale Nische ist etwas größer als jene zu den Seiten. Sie ist dem Bodhisattva und künftigen Buddha Maitreya gewidmet, dessen Gewand mit einer detaillierten Darstellung des Lebens des Buddha verziert ist. Auf der linken Seite sind drei Szenen daraus abgebildet. Von den beiden übereinander dargestellten Medaillons zeigt das obere die Geburt des Buddha aus der Seite der unter einem Baum stehenden Mutter. Darunter waschen zwei Schlangenwesen (naga) den Neugeborenen, der schon mit den Merkmalen eines Buddha gezeigt wird. Nach seiner Jugend am Königspalast seiner Eltern, und obwohl er inzwischen verheiratet war und einen Sohn hatte, beschließt der Prinz der Welt zu entsagen und in die Hauslosigkeit zu ziehen. Das dritte Bild zeigt den Moment des Auszugs aus dem Palast, der von fliegenden Genien, welche die Hufe des Pferdes stützen, erleichtert wird.

Diese Szenen können sowohl das Leben des letzten Buddhas in unserer Welt, also Buddha Shakyamuni, darstellen, als auch die des künftigen Buddhas Maitreya, da sich alle Hauptereignisse eines Buddhalebens gleichen. Die Abbildung des Buddhalebens auf einem Tuch setzt den Erscheinungscharakter dieser Ereignisse im Verständnis des Buddhismus des Großen Fahrzeugs (Mahayana) auch metaphorisch um. Demnach manifestiert der Buddha diese Leben nur zum Wohle der Menschheit.

*C. Luczanits*

Bodhisattva Maitreya, Alchi Sumtsek, Erdgeschoß, Ladakh, 1981

Auch die Göttin Grüne Tara ist vor allem dem Wohle der Menschen gewidmet. In der hier dargestellten achtarmigen Form rettet sie die Menschen aus acht verschiedenen Gefahren, die zu ihren Seiten dargestellt sind. Jede Gefahr wird in zwei Szenen wiedergegeben, die eine zeigt den Menschen in Bedrängnis, die andere zeigt die Folgen der Intervention der Göttin: die Gefahr wendet sich vom Menschen ab, und dieser erweist der Göttin seine Ehrerbietung. Im Detail auf der rechten Seite kann man auch gut sehen, dass die Göttin jeder Gefahr in einer besonderen Form begegnet, die jeweils in einem kleinen roten Medaillon dargestellt ist. So wendet eine elefantenköpfige Form den rasenden Elefanten ab, und eine Schlangenform schützt vor der Schlange. Diese Darstellung befindet sich im ersten Obergeschoss, über der Nische des Bodhisattva Manjushri (S. 48). *C. Luczanits*

Vor den acht Gefahren rettende Göttin Grüne Tara, Alchi Sumtsek, erste Etage, Ladakh, 1981

Zwei Gefahren, Alchi Sumtsek, erste Etage, Ladakh, 1981

Im ersten Obergeschoß des Sumtsek ist das zentrale Thema jeweils von Mandalas flankiert. Alle hier dargestellten Mandalas können als Variationen der Diamantensphäre (Vajradhatu) verstanden werden, in deren Mitte die fünf Buddhas residieren. Der zentrale Buddha des Zyklus ist Buddha Vairocana, der auch hier dargestellt ist, allerdings in weiblicher Form. Auf der rechten Seite sehen wir die zentrale Göttin mit vier Köpfen - der obere ist als nach hinten blickend zu verstehen - und der Geste des höchsten Erwachens auf einem Löwenthron sitzend. Auf dieser Seite ist das gesamte Mandala zu sehen, in dem alle Figuren weiblich sind. Dieses weibliche Mandala komplementiert das männliche Mandala auf der linken Seite dieser Wand. Zwar sind diese Varianten in den Texten beschrieben, die Darstellungen im Alchi Sumtsek sind aber einzigartig.

Die folgenden beiden Seiten sind einer weiteren Besonderheit des Sumtsek gewidmet, den an die Decke gemalten Textilmustern. Textilien an den Decken tibetischer Gebäude sind nicht ungewöhnlich, sie verschönern die Decke und halten Staub ab, im Sumtsek sind sie allerdings direkt auf die genau zusammengefügten Holzbretter aufgemalt. Auf Seite 57 ist ein Abschnitt der Decke mit drei sehr unterschiedlichen Textilpanelen dargestellt. Das realistisch dargestellte linke Stoffband repliziert eine Färbetechnik, die auch heute noch in Ladakh in Verwendung ist. Dabei wurden die hellen Stellen durch Knoten vor der Färbung geschützt, was auch die unregelmäßige Anordnung erklärt. Das rechte Stoffband stellt wohl eine Drucktechnik dar, wobei das mittlere mit einer Pseudo-Schrift versehene Band als separat gefertigt vorzustellen ist. Das mittlere Band zeigt hingegen eine Variationsbreite, die so wohl nie in Textilien zu finden war, es basiert aber auf Textilien, in denen Perlenmedaillons diverse Motive umgeben. Ähnlich verhält es sich auch mit den Tänzerinnenmotiv auf Seite 56, bei dem wieder eine Drucktechnik wiedergegeben ist.

*C. Luczanits*

 Vajradhatu Mandala, Alchi Sumtsek, erste Etage, Ladakh, 1981

Vairocana, Alchi Sumtsek, erste Etage, Ladakh, 1981

 Tänzerinnen, Alchi Sumtsek, erste Etage, Decke, Ladakh, 1983

Gemalte Textilien, Alchi Sumtsek, Erdgeschoß, Decke, Ladakh, 1983

Der Haupttempel von Alchi mit seiner Versammlungshalle (Dukhang) ist sicher ein oder zwei Generationen älter als der Sumtsek, datiert also in die zweite Hälfte des 12. Jahrhunderts. Inschriften schreiben die Gründung einem Mönch namens Kalden Sherab aus der namhaften Dro-Familie zu, die aus Zentraltibet stammt. Stifterdarstellungen an der Eingangswand betonen aber die damaligen wohl mit dem Gründer verwandten Herrscher. Direkt neben dem Eingang ist ein Paar besonders hervorgehoben (Bild rechts), reich bekleidet sitzen sich Mann und Frau im Dialog gegenüber. Der Mann hält eine Axt, ein Herrschersymbol, und die mit Türkisketten geschmückte Frau bietet ihm eine Trinkschale an.

Die Nische an der Rückseite des Tempels ist mit Tonplastiken gefüllt (S. 59), die gemeinsam die Gottheiten eines Mandalas darstellen. Wie im Sumtsek (S. 54 / 55) handelt es sich dabei um ein Mandala der Diamantsphäre (Vajradhatu). Der zentrale Buddha Vairocana ist hier vergoldet und von Kleidern und weißen Schals bedeckt, die ihm, ebenso wie die Geldscheine und die Speisen davor, als Gabe dargebracht wurden. Während Vairocana sicher mehrmals restauriert wurde, sind sein Thron und die ihn umgebenden Figuren noch großteils im Original erhalten.

An den Wänden der Versammlungshalle sind wieder Mandaladarstellungen, wobei jedes mehr als 200 Gottheiten hat. Besonders interessant sind die an den Rändern dargestellten Gottheiten, die als Schützer in das buddhistische Pantheon eingegliedert sind. Auf Seite 60 sind Shiva und Parvati dargestellt, sie bewachen die nordöstliche Richtung. Schlangenwesen, wie die Göttin auf Seite 61, sind meist in menschlicher Form mit Schlangenhaube dargestellt, sie beherrschen das Wasser. Dass der elefantenköpfige Gott Ganapati (Ganesha), der Beseitiger der Hindernisse, wie auf Seite 62 gezeigt, von einer Gemahlin gleicher Ikonographie begleitet ist, gibt es nur in Monumenten der Alchi Gruppe (S. 66). Einzigartig für den Haupttempel sind auch die fliegenden Gottheiten, die zu den Seiten der Mandalatore dargestellt sind, jene auf Seite 63 spielt eine Querflöte und zieht einen Stoffbanner hinter sich her.

*C. Luczanits*

 Herscherfamilie, Alchi Dukhang, Ladakh, 1981

Buddha Vairocana, Alchi Dukhang, Ladakh, 1981

 Shiva und Parvati, Alchi Dukhang, Ladakh, 1981

Schlangengöttin, Alchi Dukhang, Ladakh, 1989

 Ganapati mit Gemahlin, Alchi Dukhang, Ladakh, 1989

Fliegende Gottheit mit Querflöte, Alchi Dukhang, Ladakh, 1989

 Mangyu, Ladakh, 1983

Sumda Chung, Ladakh, 1990

## Ladakh · Mangyu und Sumda Chung

Alchi ist eigentlich nur das berühmteste und am besten erhaltene Beispiel der um 1200 in Ladakh blühenden Hochkultur. Etwas westlich von Alchi, in einem Seitental versteckt, befindet sich das Dorf Mangyu (S. 64), in dem insgesamt fünf Monumente aus dieser Zeit erhalten sind. Sumda Chung ist direkt südlich von Alchi auf der anderen Seite der über 5.000 Meter hohen Bergkette, und einfacher über das Tal des Zanskar-Flusses zu erreichen. In diesem kleinen Dorf befindet sich ein Tempel aus der Zeit des Alchi Sumtsek.

Die Malereien der beiden ältesten Tempel von Mangyu waren ursprünglich besonders fein ausgeführt, haben aber durch unsachgemäße Reinigung erheblich gelitten. Auf Seite 71 ist eine vierköpfige und achtarmige Form des Bodhisattva Manjushri abgebildet, er steht für den Sieg der Weisheit über die Unkenntnis, was durch die Kombination von Schwert und Buch in den oberen beiden Händen ausgedrückt wird. Rechts ist die pferdeköpfige Schutzgottheit Hayagriva dargestellt, wobei der Pferdekopf über dem Haar hervorragt. Er ist, etwas außergewöhnlich, grün und holt ebenfalls mit einem Schwert aus. Die Blüten unter seinen Füßen stehen wohl für Sonne und Mond, und damit Tag und Nacht. Er befindet sich im selben Monument wie die Malereien auf den Seiten 68 und 70.

*C. Luczanits*

Hayagriva, Mangyu, Ladakh, 1983

Ganapati, Sumda Chung, Ladakh, 1983

Eine Besonderheit von Mangyu ist ein begehbarer Chorten mit Skulpturen und flankierenden Malereien an allen vier Seiten des Innenraums. „Chorten" ist der tibetische Name für einen Stupa, einem ursprünglich den Reliquien des Buddha gewidmeten Bauwerk, das zum Symbol des Buddhismus wurde. Überall im Himalaja sind solche Chorten zu finden (z.B. S. 12 / 13), und in Ladakh zieren besonders viele die Landschaft (S. 72 / 73), begehbar und bemalt sind aber nur wenige.

Der pferdeköpfige Hayagriva (S. 66) befindet sich ebenso in diesem Chorten von Mangyu, wie die achtarmige, von den Gefahren rettende Grüne Tara auf dieser Seite und auf Seite 70. Die Komposition der Göttin Tara gleicht der im Alchi Sumtsek (S. 52), die Göttin ist aber stärker hervorgehoben, und die vor den Gefahren Zuflucht Suchenden sind schwerer auszumachen. Die beiden Ecken des Mangyu Chorten auf Seite 70 zeigen die Komposition der Malerei. Die Grüne Tara und die beiden Bodhisattvas Manjushri (S. 70, links) und Avalokiteshvara nehmen ein ganzes Seitenpanel ein, sitzende Buddhas und zornvolle Gottheiten nur ein halbes. Die blaue Schutzgottheit mit sechs Köpfen, Armen und Beinen ist eine nur in dieser Zeit populäre Form des Yamantaka, einer Schutzgottheit, die den Tod besiegt.

Die Seiten 67 und 69 sind Details eines in Sumda Chung erhaltenen Mandala. Auf Seite 69 sehen wir das fantasievoll gestaltete Dach eines Tores des Mandalapalasts, in dessen Mitte ein Chorten dargestellt ist, und den nördlichen Abschnitt des Aussenkreises mit Schutzgottheiten, wie dem auf einem Pferd sitzenden Reichtumsgott Kubera. Der vierarmige Ganapati auf Seite 67, wie der elefantenköpfige Gott im buddhistischen Kontext meist genannt wird, gehört zum Gefolge des Kubera. Vergleicht man seine Darstellung in Sumda mit jener im Alchi Dukhang (S. 62), kann man die Entwicklung zu einer graphischeren Gestaltung der Malerei und einer Miniaturisierung der Details gut nachvollziehen. *C. Luczanits*

 Vor den acht Gefahren rettende Göttin Grüne Tara, Mangyu, Ladakh, 1983

Tor eines Mandala, Sumda Chung, Ladakh, 1983

Mangyu, Ladakh, 1983

Manjushri, Mangyu, Ladakh, 1983

 Likir, Ladakh, 1983

## Ladakh · Likir Gompa

Abseits der Srinagar-Leh-Straße, etwa 50 Kilometer von Leh entfernt, liegt Likir Gompa. Die Mönche gehören der Gelug-Schule an, also der Schule der Dalai und Panchen Lamas. Das Kloster soll 1065 durch Lama Duwang Chöje gegründet worden sein. Die 23 Meter hohe Statue des zukünftigen Buddha Maitreya (S. 75) wurde allerdings erst 1999 vollendet. Der jüngste Bruder des heutigen Dalai Lama, der als Reinkarnation des Ngari Rinpoche erkannt wurde, ist der Abt des Klosters, besucht es allerdings nur selten.

Alle großen Klöster haben Zweigstellen. Zu Likir gehören unter anderem der Alchi Choskhor und Mangyu. Aus diesem Grunde hatte ich seit 1981 engen Kontakt zu den Mönchen von Likir. Damals gab es nur in Likir eine Schule für den Mönchsnachwuchs, und ich habe dort eine Serie von Aufnahmen gemacht. Das Bild von einem eifrigen „chunchung“ (Novizen) auf Seite 76 gehört zu meinen Lieblingsfotos aus dem Himalaja.

Wie in allen anderen großen Gompas, findet auch in Likir einmal im Jahr ein Fest mit Maskentänzen statt, das Likir Dosmoche. Im Winter 1981 konnte ich es miterleben. Bei klirrender Kälte, es waren bestimmt -10 °C, führten die jungen Mönche den Tanz barfuß und mit nackten Armen aus.

Ebenfalls einmal im Jahr wird in Likir ein Sandmandala hergestellt. Bevor es zerstört und in ein fließendes Gewässer gestreut wird, findet eine Feuerzeremonie statt. Bei Gebeten werden dem Feuer, ein reinigendes Element, wichtige Gegenstände des täglichen Lebens wie Tee, Reis, Holz, etc. geopfert. Nach der Feuerzeremonie wird das Mandala zusammenkehrt, in einer Prozession zu einem Bach getragen und in das strömende Wasser geschüttet.

Einige der älteren Likir-Mönche haben noch ihre Ausbildung vor 1959 in Tashilhunpo in Tibet erhalten. Als sie hörten, dass ich nach Tibet reisen werde, gaben sie mir ein Schreiben für die dortigen Mönche. Zu der Zeit planten sie schon die große Statue von Maitreya. In Tashilhunpo (S. 214) steht seit 1914 eine 26 Meter hohe Maitreya-Statue. Die Likir-Mönche baten ihre Kollegen in Tashilhunpo, mir zu erlauben, Fotos vom dortigen Maitreya zu machen. Im Sommer 1993 kam ich wieder einmal nach Tashilhunpo und übergab das Schreiben aus Likir. Es hat bestimmt große Irritationen hervorgerufen, weil sie keine Ahnung von Ladakh und Likir hatten. Nach Entrichten einer nicht gerade kleinen Gebühr durfte ich im Tempel fotografieren. Als ich im Sommer 1994 einige Aufnahmen vom Maitreya in Tashilhunpo nach Likir brachte, kamen sie, so mein Eindruck, zu spät. Wie heute zu erkennen ist, hatten sie keinen Einfluss auf die Gestaltung der Statue. *J. Poncar*

Likir Gompa, Ladakh, 1999

In der Klosterschule der Likir Gompa, Ladakh, 1981

Beim Likir Dosmoche, Ladakh, 1981

Likir Dosmoche, Ladakh, 1981

Tanz des „tsetapa“, des Protektors der buddhistischen Doktrin, Likir Gompa, Ladakh, 1981

 Feuerzeremonie, Likir Gompa, Ladakh, 1991

Feuerzeremonie, Likir Gompa, Ladakh, 1991

Tiksey Gompa, Ladakh, 1980

## Ladakh · Tiksey Gustor

Die Gründung der Tiksey Gompa geht auf Tsongkhapa (1357 - 1419) zurück, den großen Reformator des tibetischen Buddhismus und Gründer der Gelug-Schule. Er sandte seinen Schüler Sherab Zangpo zum König von Ladakh, um dort seine Lehre zu verbreiten. Der König war wohl von dem Botschafter angetan und wies seinen Minister an, ihm bei der Gründung eines Klosters behilflich zu sein. Als bei einem Ritual das entsprechende Torma (Opferkuchen) geworfen wurde, um dessen Lage zu deuten, schnappten sie zwei Raben und flogen damit weg. Sie wurde auf einem nahen Felsen wieder gefunden. Dieser Felsen wurde dann als der richtige Ort für das neue Kloster gedeutet, und das imposante Kloster Tiksey wurde darauf gegründet.

Für mich war der erste Anblick von Tiksey überwältigend. Das Kloster erinnerte mich an das erste Bild vom Potala in Lhasa, das ich als kleiner Junge sah. Ein Jahr später befreundete ich mich mit dem Abt, dem Tiksey Rinpoche. Er erlaubte mir auch, in der Gompa zu übernachten. Der frühe Morgen mit Sonnenaufgang auf der Dachterrasse über dem Dukhang (Versammlungshalle für gemeinsame Gebete) mit Blick auf das weite Industal zwischen Spituk und Stakna gehört zu den stärksten Erlebnissen meiner Ladakh-Reisen. Tiksey unterscheidet sich von allen anderen Klöstern in Ladakh dadurch, dass der Tiksey Rinpoche, Nawang Jamyang Chamba Stanzin, permanent in der Gompa lebt. Er wurde in Chushot, in einem Dorf unweit der Gompa, geboren. Seit dem Sommer 1975 konnte ich einen unglaublichen Aufschwung beobachten. So wurde damals eine Wasserleitung fast bis zum Eingang des Klosters gelegt. Das Wasserschleppen durch die Mönche und die Dorfeinwohner wurde überflüssig. Am Hang wurden Bäume gepflanzt, die durch die Wasserleitung bewässert wurden. Heute, 40 Jahre später, gibt es dort einen stattlichen Hain.

Bei meiner zweiten Reise nach Ladakh im Februar 1979 habe ich den Rinpoche gebeten, während der Vorbereitungen zum Tiksey Gustor im Kloster wohnen zu dürfen. Er wies mir das Zimmer seines Gurus über dem Dukhang zu. Im Klosterhof wurden den ganzen Tag Tormas hergestellt: Formen und Figuren aus Tsampa (gemahlene geröstete Gerste) und Butter, die in tantrischen Ritualen verwendet werden. Manche Tormas stellen Schutzgottheiten dar und können sehr aufwendig sein (S. 86). Auf sie konzentrieren sich viele Gebete im Dukhang vor und während des Gustors. Die Gottheit, die durch das Torma darstellt wird, wird aufgefordert, während des Festivals ihren Sitz im Torma einzunehmen. Die meisten kleinen Tormas stellen symbolische Opfer an die Wesen der Unterwelt und auch dieser Welt dar und werden am Ende des Tiksey Gustor zum Teil aufgegessen. Das wichtigste Torma, Gonbo Chaktukpa, das die Schutzgottheit des Gustor darstellt, wird am Ende des dreitägigen Festes dem reinigenden Feuer geopfert. Der Mönch, der dieses Torma wirft, muss sich sehr konzentrieren, den am Ende wird die Lage und der Überrest gedeutet.

Am ersten Tag findet die Generalprobe der Tänze ohne Masken statt. Es gibt unterschiedliche Tänze. Die meisten stellen den Kampf des Guten gegen das Böse dar. Einige haben nur den Zweck, die Zuschauer zu unterhalten. Der wichtigste Tanz ist der „zhanag cham", der Schwarzhuttanz. Auch er stellt den Kampf gegen das Böse dar. Am dritten Tag des Tiksey Gustor wird ein Ritual durchgeführt, bei dem „dao bo", die Verkörperung des Bösen, durch eine Zeichnung auf einem Stoff dargestellt, durch den Tiksey Rinpoche verbrannt wird (S. 98 / 99).

Während des Tiksey Gustor 1979 habe ich den Gedanken ins Auge gefasst, einen Dokumentarfilm darüber zu drehen. Die nächste Gelegenheit bot sich im Februar 1982. Mit Wolfgang Kohl haben wir für das ZDF die Dokumentation „Ladakh - ein Wintermärchen" produziert. Als das Torma Gonbo Chaktukpa ins Feuer flog und der Mönch sich sehr für die Deutung der Lage des Torma konzentrieren musste, kommentierte ich: „Vielleicht wird die Deutung eines Tages empfehlen, das Tiksey Gustor im Sommer abzuhalten, wenn zahlungskräftige Touristen nach Ladakh kommen." Das nächste Tiksey Gustor fand dann im September 1983 statt - Tiksey Rinpoche bestritt, dass Touristen der Grund hierfür seien. Er begründete dies damit, dass zur Tiksey Gompa auch entlegene Klöster und Dörfer im Nubra-Tal gehören und es im Winter für die dortigen Ladakhi immer zu schwer sei, den über 5000 Meter hohen Khardung-Pass zu überqueren um dem Fest beizuwohnen.

*J. Poncar*

Herstellung der Tormas (Opferkuchen) für das Tiksey Gustor, Ladakh, 1982

Aufwendige Dekoration einer aus Butter hergestellten zentralen Torma, Tiksey Gustor, Ladakh, 1982

Teepause bei den Gebeten im Dukhang, Tiksey Gustor, Ladakh, 1979

Gebete erfüllen das Leben der Mönche. Es wird einzeln oder in Gruppen gebetet. In jedem Kloster gibt es dafür einen Raum, genannt „dukhang“, rituelle Musik ist ein wesentlicher Bestandteil. Während der Vorbereitungen des Gustors wird fast rund um die Uhr gebetet. Im Winter 1979 habe ich während des Festes im Kloster gewohnt und verbrachte jeden Tag viel Zeit mit den Mönchen im Dukhang – dabei entstand das Foto auf dieser Seite.

In jedem größeren Kloster gibt es einen Tempel der Schutzgottheiten (Gönkhang). In Tiksey ist der Tempel Vajrabhairava gewidmet. Das Gesicht dieser Gottheit ist normalerweise verhüllt, nur während des Gustors wird der Schleier vor ihrem Gesicht entfernt. Jeden Morgen führt ein Mönch ein Gebet zu ihren Füßen aus und bedient dabei die Stieltrommel (Foto auf der rechten Seite).

*J. Poncar*

Musik ist ein wesentlicher Bestandteil der Gebete und Rituale, Tiksey Gustor, Ladakh, 1979

Betender Mönch im Gönkhang, Tiksey Gompa, Ladakh, 1979

Gebet im Dukhang, Tiksey Gustor, Ladakh, 1979

Zubereitung des Buttertees in der Küche der Tiksey Gompa, Ladakh, 1979

 Die neunte Reinkarnation des Abtes von Tiksey Nawang Jamyang Chamba Stanzin, Tiksey Gustor, Ladakh, 1982

Tiksey Gustor, Ladakh, 1979

Yamantaka bereitet sich im Dukhang auf seinen Auftritt vor, Tiksey Gustor, Ladakh, 1979

„Chusin",das Krokodil (links) und Yama (rechts), Tiksey Gustor, Ladakh, 1979

 Die Schützer Kshetrapala und Chamsin, Tiksey Gustor, Ladakh, 1979

Zuschauerinnen mit Türkishaube (perak) beim Tiksey Gustor, Ladakh, 1979

Die Verbrennung des „dao bo“, des Bösen im Allgemeinen, wird vom Tiksey Rinpoche persönlich vorgenommen, Ladakh, 1979

Tiksey Gustor, Ladakh, 1979

 Abschlußzeremonie des Tiksey Gustor außerhalb der Gompa, Ladakh, 1982

Verbrennung des zentralen Torma am Ende des Tiksey Gustor, Ladakh, 1979

## Ladakh · Die Orakel von Mattoo

Das Kloster Mattoo liegt an der Südseite des Industales gegenüber von Tiksey. Es ist das einzige große Kloster in Ladakh, das der Sakya-Schule des tibetischen Buddhismus angehört. Diese Gompa ist für das Nagrang-Festival mit zwei „lha", von Göttern besessene Mönchsorakel, bekannt. Es findet am 14. und 15. Tag des ersten Monats im tibetischen Kalender statt. Für jeweils vier Jahre werden zwei Mönche ausgewählt, die durch monatelange Meditation zu einem geeigneten Medium werden. Zur Zeit des Königreichs von Ladakh dienten die Lha von Mattoo auch als Staatsorakel.

Bei ihrem Auftritt während des Nagrangs zeigen die Lha den aufgeregten Ladakhis, dass sie von Göttern in Besitz genommen wurden. So gelten sie zum Beispiel als unverletzbar, was dadurch demonstriert wird, dass ihre über ein Schwert gezogene Zunge unverletzt bleibt, auch laufen sie mit verhüllten Augen auf dem Gesims des Klosters entlang. Das erstaunlichste ist, dass sie bei Temperaturen um -10°C ihre Fähigkeiten mit freiem Oberkörper demonstrieren. Auf ihren nackten Rücken und Brüsten ist ein Bild des Mahakala gemalt (S. 107).

Erst während meiner dritten Reise nach Ladakh im Februar 1981 ist es mir gelungen, das Nagrang in Mattoo zu erleben. Wie bei allen großen Festen gibt es auch hier Maskentänze, aber die Ladakhi (und ich ebenfalls) kamen vor allem, um die zwei Orakel zu sehen. Sie wollten von ihnen erfahren, was sie gegen Krankheiten in der Familie tun sollten, ob die Ernte gut sein würde, und was sich sonst noch anderes vorhersagen lässt. *J. Poncar*

Mattoo Gompa, Ladakh, 1979

 Mönchsorakel laufen auf dem Gesims, Mattoo Nagrang, Ladakh, 1981

Blick auf die Mönchsorakel, Mattoo Nagrang, Ladakh, 1981

 Die Orakel machen die Runde, Mattoo Nagrang, Ladakh, 1981

Die beiden mit Mahakala bemalten Orakel, Mattoo Nagrang, Ladakh, 1980

## Zanskar

Als Ladakh im Juli 1974 unerwartet für Touristen geöffnet wurde, wussten nur sehr wenige etwas über dieses Land. Noch viel weniger wusste man über Zanskar. Kein Wunder, denn dieses entlegene Gebiet südlich von Ladakh war in der Vergangenheit im Sommer während des Monsuns aufgrund der reißenden Ströme, über die es keine Brücken gab, praktisch unerreichbar. Nur im Winter konnte man über den zugefrorenen Zanskar-Fluss die Hauptstadt Padum und die im Labyrinth der Berge versteckten Dörfer und Klöster erreichen, dann aber war Ladakh durch die verschneiten Himalaja-Pässe von der Außenwelt abgeschnitten. Erst Mitte der 1970er Jahre hat man mit dem Bau der Straße von Kargil, der zweitgrößten Stadt in Ladakh auf der Srinagar-Leh-Straße, nach Padum begonnen. Und davon hörte ich in Ladakh im Sommer 1975. Es war für mich höchste Zeit, nach Padum aufzubrechen, um einen Ort, sogar eine Hauptstadt, zu erleben, bevor der erste Lastwagen ankommen würde.

Wenn es schon bei der ersten Ladakh-Reise 1974 kaum Bücher über Ladakh gab, kann man sich denken, dass dies erst recht für Zanskar galt. Wie sieht es dort aus? Wie ist das Wetter im Sommer? Wie viele Tage dauert der Marsch nach Padum? Erst ein Jahr nach meiner Reise fand ich einen Neudruck der „Gazetteer of Jammoo and Kashmir“ von Frederick Drew aus dem Jahr 1890. Drew war als Geologe 1862 in Dienst des Maharadschas von Jammu und Kaschmir getreten und später sogar Gouverneur von Ladakh. In seinem geographischen Lexikon heißt es, dass es in Zanskar ungefähr 40 Dörfer gibt und dass ein Raja (König) in Padum residiert. Nach der Eroberung Zanskars durch die Dogras sollte der Raja einen Tribut von 3000 Rupees jährlich zahlen. Ein viel zu hoher Betrag für das Land, dessen autarke Bevölkerung nur von magerer Landwirtschaft und Viehhaltung lebte und nur Wolle für den Markt außerhalb zu bieten hatte. Der Betrag des Tributs musste notgedrungen halbiert werden.

Im Juli 1976 brach ich mit meinem Freund Volker Stallbohm nach Padum auf. In Parkachik, am Fuß des Siebentausender Nun Kun und am Ende der bis dahin fertiggestellten Straße nach Zanskar, schlossen wir uns einer Karawane an. Gleich am Ausgangspunkt unserer Reise blieben wir eine Woche lang wegen ununterbrochenem Regen stecken. Es war durch Erdrutschgefahr viel zu riskant, in das enge Tal zu gehen. Der Marsch nach Padum war qualvoll. Außerdem quälte uns, je schmäler unsere Lebensmittelvorräte wurden, die Frage, ob es dort überhaupt etwas zu sehen gäbe, das die Qualen rechtfertigen würde. Gibt es dort große Klöster wie in Ladakh? Werden wir Vorräte für den weiteren Marsch bekommen? Wie geht es weiter nach Ladakh?

Alle diese Fragen fanden ihre Antworten, auch wenn sie nicht ganz zufriedenstellend waren. Padum bestand damals aus etwa 80 Häusern. Wir fanden Unterkunft im Haus des dortigen Rajas. Mit den Lebensmitteln war es problematisch. Es gab nur Reis und tsampa, aus gerösteter Gerste gemahlenes Mehl, das die Einheimischen mit dem Buttertee essen. Auf der gegenüberliegenden Talseite konnten wir von Padum aus Karsha Gompa, das größte Kloster von Zanskar, ausmachen. Der „naib tehsildar“, der Stellvertreter des Verwaltungschefs, sprach als einziger Englisch, war aus Karsha und lud uns ein, in seinem Haus zu wohnen. Er organisierte für uns die Weiterreise nach Lamayuru.

Dieser strapaziösen ersten Reise folgten im Laufe der Jahre einige weitere, die nicht so extrem hart waren und bei denen ich mich auch der Kunst Zanskars widmen konnte. In Karsha fand ich im Sommer 1988 in einem Tempel eine außergewöhnliche Wandmalerei (S. 116 - 121). Robert Linrothe, Professor für Kunstgeschichte an der Northwestern University in Chicago, ist Experte der Kunst Zanskars und kommentiert auf Seite 114 die Malereien.

*J. Poncar*

Auf dem Weg nach Zanskar, im Hintergrund Rangdum Gompa, 1976

 Karsha, Zanskar, 1995

 Karsha, Zanskar, 1988

## Zanskar · Karsha, Bardan und Phugtal

Das Foto rechts zeigt das von der Sonne beleuchtete Karsha Champaling-Kloster und das Dorf darunter inmitten der Gerstenfelder. Karsha, das zweitgrößte Dorf Zanskars nach Padum, ist durch den aus den Bergen kommenden und die Felder bewässernden Fluss in zwei Teile geteilt. Der Teil rechts (im Süden) ist älter. Über den weißen Gebäuden auf der linken Seite sind die Ruinen einer Festung mit einem Palast und einigen religiösen Gebäuden in der Nähe zu sehen. Darunter, wo die weißen Gebäude zum Vorschein kommen, befindet sich ein „chuchikzhel“ genannter Teil des Dorfes. Er ist nach dem Chuchikzhel-Tempel (S. 116 / 117) inmitten eines neu errichteten Nonnenklosters benannt. Seine Wandmalereien sind also älter als die des Karsha-Klosters.

Das Foto auf Seite 116 zeigt die niedrige, in den Chuchikzhel-Tempel führende Tür sowie die beschädigten Malereien der Mandalas von Chakrasamvara und Vajrabhairava. Die Schäden sind über 100 Jahre alt und die Folge von auf dem flachen Dach geschmolzenem Schnee. Inzwischen hat Sonam Wangchuk, der den erblichen Titel Lonpo (Minister) von Karsha trägt und den Tempel besitzt, das Dach so repariert, dass es keine weiteren Schäden mehr gibt. Die Malereien können einer Kagyü-Schule, wahrscheinlich den Drigung Kagyü, zugeschrieben werden und wurden im 14. Jahrhundert gemalt, einige wurden auch im 16. Jahrhundert oder noch später restauriert. Die Abbildung auf Seite 117 zeigt den sechsarmigen Mahakala als Schutzgottheit direkt über dem Tor, links davon umarmt der sechsarmige, rote Hayagriva seine Partnerin und rechts ist der rote Guru Dragpo, eine zornige Form des Padmasambhava, zu sehen.

Seite 118 zeigt den Innenraum des sogenannten „labrang“ (Residenz) im Karsha Champaling-Kloster, vermutlich der älteste Tempel in diesem Baukomplex. Seine Gründung, möglicherweise handelt es sich dabei aber um eine Konvertierung, wird dem Mönch Changsem Sherab Zangpo (ca. 1395 - 1457), einem Schüler des Tsongkhapa (1357 - 1419), zugeschrieben. Nachdem er bei Tsongkhapa, dem Gründer der Gelug-Schule der Dalai Lamas, in Zentraltibet studiert hatte, kehrte er in seine Heimat Ladakh zurück, und kam von dort nach Zanskar, wo er auch verstarb. Seine Reliquien befinden sich in einem weiteren von ihm konvertierten Kloster der Gelug-Schule: Phugtal (S. 124 - 127). Einige Malereien im Labrang datieren wohl ins späte 15. und frühe 16. Jahrhundert. Auf Seite 119 ist der vierköpfige Sarvavid Vairocana von den Bodhisattvas Manjusri und Maitreya begleitet. Details wie die mandelförmigen Augen weisen auf den Stil des Guge-Königreichs hin (S. 230 - 237), der auf dem noch älteren Kaschmir verwandten Stil beruht, wie er im Kloster Tabo erhalten ist (S. 128 - 143). Die elegante Weiße Tara auf Seite 120 und der Bodhisattva auf Seite 121 gehören ebenfalls diesem Stil an. Der Hintergrund wurde möglicherweise später restauriert.

Während der Chuchikzhel-Tempel der Drigung Kagyü-Schule angehört, und Champaling und Phugtal Gelug-Klöster sind, ist Bardan auf Seite 122 ein Kloster der Drukpa Kagyü-Schule. Zanskars zerklüftete Landschaft bietet also vielen Schulen des tibetischen Buddhismus Zuflucht.

*Robert Linrothe*

Karsha, Zanskar, 1995

 Chuchikzhel-Tempel, Karsha, Zanskar, 1988

Mahakala über dem Eingang, Chuchikzhel-Tempel, Karsha, Zanskar, 1988

Labrang-Tempel, Karsha Champaling, Zanskar, 1988

Sarvavid Vairocana, Labrang-Tempel, Karsha Champaling, Zanskar, 1988

 Weiße Tara, Labrang-Tempel, Karsha Champaling, Zanskar, 1988

Bodhisattva, Labrang-Tempel, Karsha Champaling, Zanskar, 1988

 Bardan Gompa, Zanskar, 1984

Phugtal, im frühen 12. Jahrhundert gegründet, Zanskar, 1984

 In der Höhle des Klosters Phugtal gibt es eine Wasserquelle, der man heilende Wirkung nachsagt, Zanskar, 1984

Hier schuf der Ungar Csoma de Körös von 1826 bis 1827 das erste Tibetisch-Englische Wörterbuch, Phugtal, Zanskar, 1984

## Spiti · Tabo Gompa

Das Kloster Tabo im unteren Spiti-Tal hat 1996 1.000jähriges Jubiläum gefeiert, es wurde also 996 mit direkter Unterstützung des damaligen westtibetischen Königshauses gegründet. Erstaunlicherweise geht auch die Ausstattung des Tsuglagkhang (Haupttempel) auf die Gründungszeit und eine Renovierung nur 46 Jahre danach, also 1042, zurück. Diese Daten

lassen sich auf Basis der auf Seite 134 dargestellten Renovierungsinschrift rekonstruieren. Die Versammlung über der Inschrift ist von großer historischer Bedeutung, und stellt die Initiatoren der Renovierung dar. Im Zentrum sitzt Changchub-Ö, der auch in der Inschrift erwähnt wird, als weltlicher und geistlicher Herrscher der Region. Links von ihm sind oben Mönche und unten Laien wiedergegeben, deren Namen leider weitgehend verloren gegangen sind. Rechts ist die Mönchsgemeinde von Tabo um ihren Abt versammelt. Der Tabo Tsuglagkhang ist also das älteste im Himalaja erhaltene Monument, in dem die ursprünglichen Skulpturen und Malereien großteils noch heute erhalten sind. Er erlaubt einen direkten Blick auf den Buddhismus, wie er in der Mitte des 11. Jahrhunderts bestanden hat.

Der Erhalt des Tabo Tsuglagkhang ist auch einer technischen und künstlerischen Meisterleistung zu verdanken, die am besten anhand der aus der Wand der Versammlungshalle ragenden Plastiken nachvollzogen werden kann (S. 129). Diese lebensgroßen und wohl über 100 Kilogramm schweren Tonplastiken werden von nur zwei in die Wand eingefügten Holzpflöcken gehalten. Sie wurden erst bei der Renovierung in den bereits bestehenden Raum, der ursprünglich wohl nur bemalt war, harmonisch eingefügt. Sie stellen die Gottheiten der Diamantsphäre (Vajradhatu) des Buddha Vairocana dar, der im hinteren Zentrum des Raumes thront (S. 133) und umgeben den Besucher, der in den Raum eintritt. Sie verleihen dem Tempel eine einzigartige Atmosphäre.

Der Tsuglagkhang von Tabo besteht aus drei aufeinander folgenden Räumen: dem Eingangsraum (Gokhang) mit fragmentarischen Malereien aus der Gründungszeit, der Versammlungshalle (Dukhang) mit den Mandala-Skulpturen und der von einem Umgang umgebenen Cella. Die folgende Doppelseite zeigt die gleiche südwestliche Ecke des Dukhang, die auch auf Seite 129 im Hintergrund zu sehen ist, allerdings sind die Plastiken hier nicht bekleidet. Zur Seite des Eingangs sind die zornvollen Torwächter und Göttinnen, Personifikationen der Gaben an den Buddha, dargestellt (S. 131), während sich Buddhas und Bodhisattvas an den Seitenwänden befinden (S. 130). Über den Skulpturen sind an den Seitenwänden die Buddhas der zehn Richtungen von je zwei Bodhisattvas begleitet (S. 130), sie weisen auf die Omnipräsenz der Buddhas hin. Die drei gemalten Bodhisattvas im oberen Teil von Seite 131 stellen die im Himalaja sehr häufig zu findende Gruppe der Schützer der drei Familien dar, nämlich Manjushri (orange) flankiert von Avalokiteshvara (weiß) und Vajrapani (blau). Sie stehen für Weisheit, Mitgefühl und Kraft und wirken den drei Giften Unwissenheit, Leidenschaft und Hass entgegen, die uns im Lebenskreislauf halten.

*C. Luczanits*

 Tabo Gompa, Spiti, 2001

Dukhang, Tabo Tsuglagkhang, Spiti, 1984

 Südwand des Dukhang, Tabo Tsuglagkhang, Spiti, 2001

Ostwand des Dukhang, Tabo Tsuglagkhang, Spiti, 2001

Die Gruppe von Tonplastiken rechts auf dieser Seit befindet sich in der Cella und geht auf die Gründungszeit des Tsuglagkhang, also ins späte 10. Jahrhundert, zurück. Im Zentrum ist eine archaische Form des Buddha Vairocana, der in Meditationshaltung auf einem Löwenthron sitzt. Aufgrund seiner Haltung wurde dieser Buddha später neu als Buddha Amitabha interpretiert, wie seine rote Bemalung bezeugt. Vairocana ist von den beiden stehenden Bodhisattvas Avalokiteshvara und Vajrasattva flankiert, fliegende Götter bringen ihm Blumen dar. Rechts ist ebenfalls Buddha Vairocana dargestellt, nur diesmal im Zentrum der Mandala-Skulpturen in der Versammlungshalle. Statt mit vier Köpfen ist er hier sogar mit vier in die Kardinalrichtungen orientierten Körpern auf einem gemeinsamen Thron dargestellt.

Unterhalb der Mandala-Gottheiten sind zwei Erzählungen illustriert. Auf der Südseite ist die Geschichte des Bodhisattvas Sudhana dargestellt, der von einem spirituellen Meister zum nächsten wandert und diese um Unterweisung in der buddhistischen Lehre bittet. In der Szene auf Seite 135 ist der Protagonist der Geschichte mehrmals dargestellt: wie er die Stadt Sumanamukha betritt, wie er vor dem Jungen Shrisambhava und dem Mädchen Shrimati kniet, und wie er auf der anderen Seite die Stadt wieder verlässt. Wie alle anderen Figuren dieser Szene ist auch Sudhana in der lokalen westtibetischen Kleidung der Zeit wiedergegeben, die Geschichte wurde also dem Ort der Erzählung angepasst. Die Erzählung auf der Nordseite ist dem Leben des Buddha gewidmet. Auf Seite 136 sehen wir die Mutter des künftigen Buddha, Königin Maya, in einem Wagen inmitten einer berittenen Armee. Sie ist auf dem Weg zum Geburtsort des Buddha, einem Hain in Lumbini. Hier tragen die Dargestellten wesentlich leichtere Kleidung, und auch die Elefanten weisen auf das indische Umfeld hin.

*C. Luczanits*

 Meditierender Buddha Vairocana, Cella, Tabo Tsuglagkhang, Spiti, 2001

Vierfacher Vairocana, Dukhang, Tabo Tsuglagkhang, Spiti, 2001

 Versammlung und Renovierungsinschrift, Tabo Tsuglagkhang, Spiti, 2001

Prinz Sudhana in der Stadt Sumanamukha, Dukhang, Tabo Tsuglagkhang, Spiti, 2001

Königin Maya auf dem Weg nach Lumbini, Dukhang, Tabo Tsuglagkhang, Spiti, 2001

Stifterdarstellung, Cella, Tabo Tsuglagkhang, Spiti, 2001

Ebenfalls aus der Zeit der Renovierung um 1040 stammen die wunderbaren Malereien des Umgangs, die zwei Gruppen von 16 Bodhisattvas aus dem glücklichen, d. h. unserem Zeitalter zeigen. Sie sind besonders fein schattiert und weisen eine erstaunliche Vielfalt in Kleidung und Schmuck auf. Namensfelder erlauben auch ihre Identifikation. Rechts ist der Bodhisattva Vajragarbha, er ist blau und hält einen Vajra. Auf Seite 139 ist das Gesicht des besonders schön schattierten grünen Bodhisattva Mahabala.

Die Malereien der Versammlungshalle wurden in zwei sehr unterschiedlichen Stilen gefertigt. Die kleinen, zwischen den Figuren dargestellten Göttinnen, wie jene auf den Seiten 141 und 143, sind wohl von derselben Malschule wie die Bodhisattvas im Umgang. Die Malereien oberhalb der Skulpturen, wie die Buddhas der zehn Richtungen und ihre begleitenden Bodhisattvas (S. 130 oben), sind hingegen in einem härteren, eher graphischen Stil gemalt. Der grüne, eine Blüte haltende Bodhisattva auf Seite 140, zeigt sehr schön, dass in diesem Stil der Körper in den Hintergrund tritt, Schmuck und Gewand in einer präzisen, aber etwas schematischen Form wiedergegeben sind. Besonders bemerkenswert ist das über das Profil hinausragende hintere Auge, ein Merkmal der indischen und frühen tibetischen Malerei. Generell sind die Skulpturen und Malereien des Tabo Tsuglagkhang aus der Renovierungszeit mit der Kunst von Kaschmir vergleichbar, und wurden wohl von Künstlern aus Nordwestindien oder Kaschmir gefertigt.

*C. Luczanits*

 Bodhisattva Vajragarbha, Umgang, Tabo Tsuglagkhang, Spiti, 1984

Bodhisattva Mahabala, Umgang, Tabo Tsuglagkhang, Spiti, 1984

 Bodhisattva, Dukhang, Tabo Tsuglagkhang, Spiti, 1984

Göttin mit Juwel, Dukhang, Tabo Tsuglagkhang, Spiti, 2001

Die hier dargestellten Göttinnen gehören verschiedenen Stilgruppen an. Die Göttin auf Seite 143 ist frontal dargestellt und hält einen Vajra in der rechten Hand, während die linke Hand eine Blume mit einer zur Wolke stilisierten Blüte hält, auf der ein Buch liegt. Sie befindet sich zwischen den Mandalaskulpturen in der Versammlungshalle.

Die Göttin auf dieser Seite ist eine der Begleitfiguren der Skulpturen in der Cella (S. 132). Sie ist grün und hält eine blaue Lilie in den zur Verehrungsgeste gefalteten Händen. Die den Bodhisattva Avalokiteshvara flankierende Göttin ist wohl als Grüne Tara zu identifizieren. Die unruhige Farbgebung und der dunklere Kopfbereich stammen von einer rezenten Restaurierung. Stilistisch sind die Malereien der Cella mit denen über den Mandala-Skulpturen, wie dem Bodhisattva auf Seite 140, vergleichbar, sie weisen aber auch Eigenheiten auf. So sind der riesige Haarknoten und der den Kopf umgebende Schleier Merkmale der Kunst aus Kaschmir. Dass die Malereien der Cella als eigene Stilgruppe zu verstehen sind, ist auch durch die sie begleitende Stifterdarstellung (S. 137) belegt. Zeitlich können diese Malereien nicht viel später als jene der Renovierung entstanden sein. *C. Luczanits*

 Grüne Tara, Cella, Tabo Tsuglagkhang, Spiti, 2001

Göttin mit Buch, Dukhang, Tabo Tsuglagkhang, Spiti, 2001

 Dankhar, Spiti, 1992

Kyi, Spiti, 1992

 Dankhar über dem Spiti-Tal, 1992

## Mustang

Selbst heute, mehr als 20 Jahre nach der Öffnung des Himalaja-Königreichs Mustang für ausländische Besucher, ist es erklärungsbedürftig, was es ist und wo es liegt. Kein Wunder, denn es liegt gut versteckt hinter den Achttausendern Annapurna und Dhaulagiri im oberen Tal des Kali Gandaki, einem Nebenfluss des Ganges. Die Kali-Gandaki-Schlucht ist der tiefste Einschnitt in die Erdkruste und erst in der jüngsten Vergangenheit kann man Jomosom, das Verwaltungszentrum am Südrand, mit dem Auto von Pokhara aus erreichen. Bislang war das nur zu Fuß oder mit dem Flugzeug möglich.

Auch wenn 2008 die Abschaffung der Monarchie in Nepal das Königreich Mustang zu einem Distrikt in der Republik machte, hat das die Autorität des Königs Jigme Dorje Palbar Bista gegenüber seinen Untertanen nicht gemindert. Wie viele er hat, weiß wohl niemand genau. Im Internet variieren die Angaben zwischen 6.000 bis 14.000 und auch die Angaben zur Größe von Mustang sind ungenau, sie liegen zwischen 2.000 und 3.500 Quadratkilometern. Die Hauptstadt heißt Lomanthang (auch Lomonthang), liegt 3.830 Meter über dem Meeresspiegel und ist nur 20 Kilometer von der Grenze zu Tibet entfernt. Die Untertanen des Rajas sprechen verschiedene Sprachen, jedoch überwiegt ein Dialekt des Tibetischen. Die Lowa, wie sich die Einheimischen selbst nennen, sind alle Buddhisten tibetischer Prägung. Die meisten folgen der Sakya-Schule.

Die ersten Berichte aus Mustang kamen Anfang der 1950er Jahre vom Schweizer Toni Hagen und dem italienischen Tibetologen Giuseppe Tucci. Im Sommer 1964 gelang es dem Franzosen Michel Peissel, eine Erlaubnis zum Besuch des Königreichs zu bekommen und Lomanthang zu besuchen. Über sein Abenteuer berichtete er im National Geographic und in seinem Buch „Mustang – a Lost Tibetan Kingdom“. So habe ich von Mustang Kenntnis genommen. Zu dieser Zeit war ich noch Student und hatte nicht vor, in den Himalaja, geschweige denn nach Mustang zu reisen. Bis 1976 wurden in Mustang Khampa-Guerillas für den Kampf gegen die rotchinesische Besatzung Tibets vom CIA ausgebildet. Ausländische Besucher waren daher absolut unerwünscht, und so ist es nicht verwunderlich, dass bis 1992, als die nepalesische Regierung Mustang für strikt geregelten Tourismus öffnete, weniger als ein Dutzend Lomanthang erreichten. Meine Stunde kam 1996.

In den 1990er Jahren gab es ein interdisziplinäres Forschungsprojekt der Deutschen Forschungsgemeinschaft (DFG) über die Staatenbildung im Himalaja. Der Bauhistoriker Niels Gutschow hat mich eingeladen, die fotografische Dokumentation der Architektur in Mustang vorzunehmen. Die erste Reise fand im Sommer 1996 statt. Das Team bildeten die Architekten Robert Powell und John Harrison, Markus Kreisel, ein Student am Fachbereich Photoingenieurwesen an der FH Köln, wo ich damals noch ein aktiver Lehrer war, und Birat Thapa, ein Mitarbeiter des Department of Archaeology in Kathmandu. Markus und Birat waren meine Assistenten. Und zwei Assistenten hatte ich auch bitter nötig, denn außer meiner Standardausrüstung von meinen Himalaja- und Tibet-Expeditionen, die schon recht umfangreich war, nahm ich noch eine Großformatkamera mit. Hinzu kam noch eine weitere Kamera, mit der ich im Jahr zuvor die Dokumentation der Reliefs in Angkor Wat (Kambodscha) vorgenommen hatte. Sie alleine und ein großes Stativ benötigten ein Packpony. Hinzu kamen noch ein Generator und Benzin, um die Batterien aller Geräte aufladen zu können.

Im Sommer 1997 unternahm ich eine zweite Reise nach Mustang. Auf den beiden Reisen nach Lomanthang durfte ich die dortigen Klöster nur von außen fotografieren. Im Höhlentempel in Lori gab es zum Glück niemanden, der nach einer Genehmigung fragte und so habe ich die Wandmalerei dokumentiert. Erst bei meiner dritten Reise im Sommer 1998 konnte ich die aufregende Wandmalerei in den Tempeln in Lomanthang fotografieren: Die American Himalayan Foundation in San Francisco hatte zuvor Mittel für die Restaurierung der zwei Tempel freigegeben und ich erhielt den Auftrag, vor den Arbeiten alles fotografisch zu dokumentieren.

*J. Poncar*

Durchgangschorten in Tsarang, Mustang, 1996

 Dank intensiver Bewässerung kann man in Mustang Gerste, Erbsen, Senf und Buchweizen anbauen, Lomanthang, Mustang, 1996

## Mustang · Lomanthang

Im von einer Mauer umgebenen Lomanthang befindet sich ein dreistöckiger Tempel, der zugleich ein Symbol der Stadt ist: der Champa Lhakhang. Er wurde 1447 – 1448 auf Anregung des großen Meisters Ngorchen Kunga Zangpo gebaut, der seine Schule mit Hilfe der Königsfamilie in Mustang etablierte. Man könnte daher auch annehmen, dass der Tempel die Idee von König Amepal, seiner Frau und seiner Söhne war, das ist aber nicht der Fall. Der Tempelbau ist von außen gesehen perfekt proportioniert (S. 152) und scheint daher in einer einzigen Bauphase entstanden zu sein, ein Blick in das Innere jedoch widerspricht dieser Theorie. Der gewaltige Thron, auf dem die Skulptur des künftigen Buddha Maitreya („champa“ auf Tibetisch), die Hauptfigur des Tempels, sitzt, ist so überdimensioniert, dass er das Erdgeschoß dominiert. Die Statue selbst nimmt nur das mittlere Stockwerk ein (S. 153), üblicher wäre, dass sie zumindest zwei Stockwerke des Baus einnimmt. Im dritten Stock, der in einem Tempel dieser Art oft vom Kopf des Maitreya eingenommen wird, befinden sich nur Wandmalereien. Seine Ausstattung ist für „Paradiesräume“, wie sie in vielen Tempeln zu finden sind, angemessen, aber nicht für einen dem Maitreya gewidmeten Tempel.

*Roberto Vitali*

Eingang zum Champa Lhakhang, Lomanthang, Mustang, 1998

Bodhisattva Maitreya, Champa Lhakhang, zweite Etage, Lomanthang, Mustang, 1998

154 Mandala der acht Planeten, Champa Lhakhang, zweite Etage, Lomanthang, Mustang, 1998

Vajrapani als Sieger der drei Welten, Champa Lhakhang, zweite Etage, Lomanthang, Mustang, 1998

Mandala der acht großen Schlangenkönige, Champa Lhakhang, zweite Etage, Lomanthang, Mustang, 1998

Vajrapani als Schlangenkönig, Champa Lhakhang, zweite Etage, Lomanthang, Mustang, 1998

Padmanarteshvara, der Lotos Herr des Tanzes, Champa Lhakhang, dritte Etage, Lomanthang, Mustang, 1998

Vajrasattva, vom Newari Meister Devapriya gemalt, Champa Lhakhang, zweite Etage, Lomanthang, Mustang, 1998

 Auf dem Dach des Thubchen Lhakhang, im Hintergrund auf der rechten Seite der Champa Lhakhang, Lomanthang, Mustang, 1998

 Löwenkonsolen, Thubchen Lhakhang, Lomanthang, Mustang, 1998

Der Thubchen Lhakhang ist der zweite große Tempel von Lomanthang, in seiner Konzeption unterscheidet er sich aber wesentlich vom Champa Lhakhang. Der Tempel ist nicht vertikal aufgebaut, sondern besteht aus einem einzigen großen Raum, dessen Inneres durch einen Wald von Pfeilern regelmäßig strukturiert ist. Skulpturen der Tempelgottheiten befinden sich auf einem riesigen Podest entlang der Westwand. An den Wänden finden sich gemalte Paradiese aus dem späten 15. Jahrhundert. Pfeiler haben für die tibetische Architektur besondere Bedeutung. Tibeter konzipieren und verstehen Innenräume über deren Anzahl von Pfeilern. Der Thubchen Lhakhang hat 42 Pfeiler, ist also ein großer Tempel. Er wurde 1472 fertiggestellt und hat seither erhebliche Veränderungen durchgemacht.

Besonders beachtenswert ist die Errichtung einer neuen Nordwand 1815, die einen Pfeilerabstand nach vorne gerückt und nicht wie die gegenüberliegende Südwand bemalt wurde. Diese kahle Tonwand kontrastiert mit der Südwand, die einen guten Teil der Malereien aus dem 15. Jahrhundert erhält. Sie stellen die acht Medizinbuddhas dar. Die schlanken, eleganten Pfeiler stützen die mit einem klassischen Wolkenmotiv verzierten Kapitellen, alle sind mit den auch für die Wandmalereien benutzten Farben bemalt. *Robert Powell*

Blick in den Thubchen Lhakhang mit Padmasambhava und Shakyamuni, Lomanthang, Mustang, 1998

Der erstaunlich große Thubchen Lhakhang ist Buddha Shakyamuni („shakya thubpa“ auf Tibetisch) gewidmet. Eine Skulptur dieses Buddhas findet sich auch auf der zentralen Achse des Tempels (S. 163), sie erscheint aber viel zu klein, um original zu sein. Tatsächlich wurde der Altarbereich oftmals verändert, denn während der große Chorten des Sieges über die Lebenszeit auf Seite 165 ein erhebliches Alter aufweist, ist die in der Mitte des Raumes platzierte Skulptur von Padmasambhava auf dieser Seite Teil der Reparaturen im frühen 19. Jahrhundert.

*C. Luczanits*

Padmasambhava, Thubchen Lhakhang, Lomanthang, Mustang, 1998

Siegeschorten im Thubchen Lhakhang, Lomanthang, Mustang, 1998

Neben den acht Medizinbuddhas an den Seitenwänden - das vergoldete Gesicht eines dieser Buddhas ist auf Seite 169 gezeigt - ist im Eingangsbereich die Gruppe der acht Bodhisattvas aus dem glücklichen Zeitalter dargestellt. Der grüne Bodhisattva mit dem reichen Goldschmuck auf dieser Seite ist vermutlich Sarvanivaranavishkambin, der Beseitiger aller Hindernisse, rechts ist Akashagarbha, dessen Kennzeichen das Juwel ist. Die mehrere Meter hohen Buddhas und Bodhisattvas sind jeweils von zwei viel kleineren, stehenden Bodhisattvas flankiert, deren Profile auf den folgenden Seiten abgebildet sind. Sie vermitteln einen guten Eindruck vom Detailreichtum dieser monumentalen Malerei, von der Goldmalerei für den Schmuck und andere Details sowie der stilistischen Bandbreite. Der Besucher des Thubchen Lhakhang betritt also die wunderbare Welt der Buddhas und Bodhisattvas, die den Gläubigen auf ihrem Weg zum Erwachen beistehen.

*C. Luczanits*

Bodhisattva Sarvanivaranavishkambin, Thubchen Lhakhang, Lomanthang, Mustang, 1998

Bodhisattva Akashagarbha, Thubchen Lhakhang, Lomanthang, Mustang, 1998

 Bodhisattva und Vogelwesen, Thubchen Lhakhang, Lomanthang, Mustang, 1998

Buddha, Thubchen Lhakhang, Lomanthang, Mustang, 1998

 Bodhisattva, Thubchen Lhakhang, Lomanthang, Mustang, 1998

Bodhisattva, Thubchen Lhakhang, Lomanthang, Mustang, 1998

 Lori, Mustang, 1996

## Mustang · Höhlentempel von Lori

Die Chortenhöhle von Lori ist einzigartig in Konzeption und Qualität. Im obersten Bereich einer eindrucksvollen, von künstlichen Höhlen durchsiebten Erosionslandschaft ist sie nur deshalb zu erkennen, weil sie mit einer davor gebauten Mönchsklause verbunden ist, deren rot bemalte Wände leicht auszumachen sind. Die über diese Zubauten und einen niedrigen Eingang erreichbare Höhle ist von atemberaubender Schönheit und Harmonie. Ihre Entstehung vereint die weit in die Vergangenheit von Mustang zurückreichende Tradition des Höhlenbaus mit der Nutzung solcher Höhlen zu religiösen Zwecken. Tatsächlich sind mit Malereien ausgestattete Höhlen über ganz Mustang verstreut, einige davon sind auch um Chorten gebaut, aber keine ist so durchdacht und reich ausgestattet wie Lori.

Der historische und religiöse Kontext der bemalten Höhlen von Mustang ist schwer zu eruieren, da konkrete Hinweise meist fehlen. Lori selbst ist dafür ein gutes Beispiel, da es keine direkten Hinweise gibt, wer die Höhle zu welchem Zeitpunkt hat erstellen lassen. Auf der Rückseite der Höhle befinden sich Darstellungen von tibetischen Mönchen, die kleineren davon sogar beschriftet, sie konnten aber bisher nicht schlüssig interpretiert werden. Klar ist aber, dass die bemalten Höhlen generell früher als die Tempel von Lomanthang zu datieren sind und zumindest einige davon mit Kagyü-Schulen in Verbindung stehen. Das gilt auch für die Höhle von Lori, die üblicherweise ins späte 13. Jahrhundert datiert wird. Wie die Malereien der Tempel von Lomanthang bezeugen die Lori-Malereien eine enge Verbindung zur Kunst der Newar im Tal von Kathmandu.

*C. Luczanits*

 Lori, Mustang, 1996

Lori, Mustang, 1996

Im Zentrum der Lori-Höhle steht ein Chorten vom Typus des Sieges über die Lebenszeit, mit einer Basis von drei Ringen unterhalb des Doms. Seine Symbolik wird auch durch die auf den Körper des Doms gemalte Göttin Ushnishavijaya bestätigt, der Macht über die Lebenszeit zugeschrieben wird. Sie blickt dem in den Raum eintretenden Besucher entgegen und eröffnet ihm eine Welt, deren Symbolik in einzigartiger Weise durchdacht ist.

Folgt der Chorten strengen Proportionen, so ist die Höhle selbst organisch gestaltet und formt ein Firmament über ihm, wobei die Sterne durch miteinander verbundene Lotusblüten repräsentiert sind. Direkt über dem Chorten ist ein Mandala des Buddha Akshobhya, der auch durch den Chorten selbst vertreten wird, an die Decke gemalt. Er ist der zentrale Buddha der höchsten esoterischen buddhistischen Lehren, deren indische Herkunft durch die acht das Mandala umgebende indische Meister (Mahasiddha) symbolisiert wird. Diese werden auf den folgenden Seiten einzeln wiedergegeben.

Die Seiten 185 bis 189 zeigen dann Details von den Malereien auf dem Chorten. Der einen Fliegenwedel und einen Vajra haltende Bodhisattva auf Seite 187 ist ein Begleiter der Göttin Ushnishavijaya. Der Dom des Chorten ist in allen vier Kardinalrichtungen bemalt, Shadakshara Lokeshvara, eine vierarmige Form des Bodhisattva Avalokiteshvara (S. 185), ist auf der Westseite und der zornvolle Vajrapani (S. 186) auf der Nordseite. Im unteren Bereich der Basis des Chorten sind Schutzgottheiten dargestellt, mit den vier großen Königen jeweils im Zentrum (S. 188). Unter den Malereien auf der Rückwand der Höhle ist auch der auf Seite 189 wiedergegebene Buddha.

*C. Luczanits*

Chorten mit Ushnishavijaya, Lori, Mustang, 1996

Decke über dem Chorten mit Mandala und den acht Mahasiddhas, Lori, Mustang, 1996

Mahasiddha Luyipa isst die Innereien eines Fisches, Lori, Mustang, 1996

Mahasiddha Kukkuripa mit seiner Hündin, Lori, Mustang, 1996

Mahasiddha Ghantapada in Flughaltung, Lori, Mustang, 1996

Mahasiddha Indrabhuti auf dem Königsthron, Lori, Mustang, 1996

182 Mahasiddha Dombiheruka reitet eine Tigerin, Lori, Mustang, 1996

Mahasiddha Nagarjuna wird von einer Schlange geschützt, Lori, Mustang, 1996

 Die Mahasiddhas Saraha und Padmavajra, Lori, Mustang, 1996

Shadakshara Lokeshvara, Schützer der Lotus-Familie, Lori, Mustang, 1996

 Vajrapani, Schützer der Vajra Familie, Lori, Mustang, 1996

Bodhisattva Vajrapani, Lori, Mustang, 1996

 Vaishravana, schützender König des Nordens. Lori, Mustang, 1996

Buddha Shakyamuni, Lori, Mustang, 1996

 Tsarang, Mustang, 1996

Jokhang, Lhasa, Tibet, 1985

# Tibet · Lhasa und Umgebung

Der Jokhang ist Lhasas Allerheiligstes und zieht daher ganze Heerscharen von Pilgern und Hausierern an. Die Pilger erfüllen das „parikrama" des Tempels, wobei sie sich oft bei jedem Schritt demütig zu Boden werfen. Dieses Gebäude, die „Kathedrale von Lhasa" und der heiligste Tempel Tibets, wurde von Songtsen Gampo erbaut und birgt bis heute einige Relikte seines Lebens. Er ist dem Buddha als Jowo Rinpoche geweiht, liegt im Zentrum der Stadt und besteht aus mehr als 50 Kapellen sowie ausgedehnten Vorrats- und Amtsräumen. Hier hat Tsongkhapa die berühmte Neujahrszeremonie des „Großen Gebetes" begründet, die schnell zum höchsten Feiertag des tibetischen Kalenders wurde. Sarat Chandra Das berichtet über den Jokhang, dass die Vorbereitungen für dieses Fest bereits einige Wochen vorher mit der Herstellung riesiger Buttermengen und dem Anstreichen des Potala durch ein Heer von 200 Malern begannen. Songtsen Gampo war der erste König des vereinten Tibets und regierte im zweiten Viertel des 7. Jahrhunderts. Er war der erste der „Drei religiösen Könige" und das Aufkommen des Buddhismus in Tibet wird ihm zugeschrieben. Tatsächlich geht der Kern des Jokhang auf seine Zeit zurück, was vor allem durch die ältesten Pfeiler und Türrahmen dokumentiert ist. Der heutige Jokhang ist ein um diesen Kern errichteter Baukomplex, der für einige Zeit auch Sitz der tibetischen Regierung war.

Beim Aufstand in Lhasa im Jahr 1959 – der Dalai Lama flüchtete ins indische Exil – gab es am Jokhang keine Schäden. Schlechte Zeiten standen dem Tempel jedoch noch bevor. Die Rotgardisten der Kulturrevolution (1966 bis 1976) plünderten ihn und richteten dort zeitweilig ihr Hauptquartier ein. Die Räumlichkeiten wurden zum großen Teil als Lager für Getreide, als Gästehaus und auch als Filmtheater verwendet. Bei meinem ersten Besuch in Lhasa im Sommer 1985 waren die gröbsten Schäden schon beseitigt.

In der nächsten Umgebung von Lhasa liegen die Klosterstädte Sera, Drepung und Ganden, die drei „Staatssäulen" des alten Tibets. Drepung (S. 200 – 202) wird folgendermaßen beschrieben: Vor 1959 lebten in Drepung über 10.000 Mönche, es war das größte Kloster Tibets und besaß 186 Landgüter, verfügte über rund 20.000 Leibeigene, 300 Weidegebiete und 16.000 Hirten. Während der Kulturrevolution wurde Drepung vor der Zerstörung durch die Roten Garden bewahrt; Mitte der 1980er Jahre gab es wieder zwanzig Mönche, im Jahr 2005 waren es etwa 640. Als ich im Sommer 1985 Drepung zum ersten Mal besuchte, gab es dort weniger als 100 Mönche. Unterhalb von Drepung liegt das Kloster Nechung, das seit dem 5. Dalai Lama (1617 – 1682) der Sitz des Staatsorakels ist. *J. Poncar*

Buddha Maitreya, Jokhang, Lhasa, Tibet, 1993

 Auf dem Dach des Jokhang, im Hintergrund der Potala, Lhasa, Tibet, 1985

 Am Eingang des Jokhang, Lhasa, Tibet, 1985

Rauchopfer vor dem Jokhang, Lhasa, Tibet, 1985

 Klöster Nechung und Drepung bei Lhasa, Tibet, 1985

 Am Rande des Sho-Festes in Drepung, Tibet, 1993

Eingang zum Dukhang in Nechung, Tibet, 1985

 Gyantse, Tibet, 1986

## Tibet · Gyantse und Shigatse

In der ersten Hälfte des 20. Jahrhunderts war das kleine Städtchen Gyantse auf halbem Weg zwischen Lhasa und Shigatse Sitz eines britischen Handelspostens und eines kleinen britischen Militärkontigents. Diese wurden in Folge der so genannten Younghusband-Expedition von 1904 dort etabliert und banden Tibet in den internationalen Handel ein. Die eigentliche Blüte von Gyantse fand aber 500 Jahre davor statt und ist im Palkhor Choede-Kloster von Gyantse dokumentiert, dessen wichtigste Monumente von der Kulturrevolution verschont blieben.

Ein wahres Juwel tibetischer Architektur und Kunst ist der Gyantse Kumbum, der im zweiten Viertel des 15. Jahrhunderts gebaut wurde. Als begehbarer Chorten vom Typus der „vielen glückverheißenden Tore“ beherbergt er 75 bemalte Räume, die meisten davon von außen zugängliche Kapellen in den vier Stockwerken der vieleckigen Basis (S. 207). Der Name des Chorten „kumbum“ weist auf die „100.000 Gottheiten“ des tibetischen Pantheons hin, die in diesen Kapellen dargestellt sind. Natürlich ist das eine symbolische Zahl, sie könnte aber durchaus erreicht worden sein. Viele tibetische Mandalas, und vor allem jene, die die riesigen Flächen der vier Domkapellen bedecken, beherbergen mehrere hundert Gottheiten, und generell ist jeder freie Raum mit Figuren gefüllt.

Das Pantheon der in Gyantse dargestellten Gottheiten ist daher extrem reich, und viele der Figuren sind auch durch Beschriftungen identifiziert. Einige davon sind nur selten zu finden, wie etwa die orange Göttin Padma Tandin (S. 208), die mit beiden Händen einen Elefantenhaken hält und einen magischen Spruch („dharani“) personifiziert.

Gyantse steht auch für den besonderen Malstil, der in diesem Monument seine Vollendung findet und nepalesische Maltechnik mit tibetischer Ästhetik vereint. Typisch sind die von Blumenranken umgebenen, auf blauem Hintergrund schwebenden Gottheiten, die dicken, schwarzen Konturlinien, die Teile der Komposition hervorheben, die den Hintergrund füllenden Lotusranken sowie die Goldlinien, die Schattenlinien begleiten und den Nasenrücken definieren (S. 209). Von einigen Experten wird dieser Stil sogar als der erste rein tibetische Stil angesehen.

*C. Luczanits*

Kumbum Chorten in Gyantse, Tibet, 1985

 Göttin Padma Tandin (rechts), Gyantse Kumbum, Tibet, 1986

Bodhisattva, Gyantse Kumbum, Tibet, 1986

 Bodhisattva Vajradharma, Gyantse Kumbum, Tibet, 1986

Göttin, Gyantse Kumbum, Tibet, 1986

Tashilhunpo, Tibet, 1985

Tashilhunpo, Tibet, 1985

Das Kloster Tashilhunpo liegt am Rand von Shigatse, der zweitgrößten Stadt Tibets. Die größten Gebäude sind im Zentrum des Klosterkomplexes, das rote Gebäude an der Westseite des Klosters (S. 212) beherbergt die Riesenstatue des Maitreya und die Halle mit den Grabstupas der Panchen Lamas. Die Statue des Maitreya, des Buddhas des kommenden Zeitalters, ist 26 Meter hoch und wurde unter dem 9. Panchen Lama Lobsang Chökyi Nyima (1883 - 1937) von 900 Arbeitern in neun Jahren errichtet. Das Kloster selbst wurde 1447 von Gedün Drub (1391 - 1475), einem der beiden wichtigsten Schüler des Reformators Tsongkhapa, gegründet. Gedün Drub wurde später rückwirkend als erster Dalai Lama identifiziert. Tashilhunpo ist eine der ganz großen Klosteruniversitäten zur Ausbildung buddhistischer Gelehrter der Gelug-Schule.

Der Abt von Tashilhunpo, Lobsang Chökyi Gyaltsen, hat Anfang des 17. Jahrhunderts als erster den Titel des Panchen Lama getragen, obwohl er später als seine vierte Inkarnation bezeichnet wurde. Seither ist Tashilhunpo Sitz des Panchen Lama.

Während der Kulturrevolution wurden Teile des Klosters zerstört, darunter die Grabstupas des 5. bis 9. Panchen Lama. Von ursprünglich 5.000 - 7.000 Mönchen wurden die meisten inhaftiert oder ermordet, einige Hundert flüchteten ins Ausland. In den 80er Jahren wurden die Einschränkungen der Religionsausübung gelockert und der Wiederaufbau des Klosters begonnen. Der von der chinesischen Regierung anerkannte 11. Panchen Lama Gyaltsen Norbu wird vom gegenwärtigen 14. Dalai Lama nicht als legitime Reinkarnation anerkannt.

Während meiner Besuche von Tashilhunpo konnte ich die Wiederbelebung des Klosterlebens miterleben. Im Sommer 1987 kam ich gerade zum Zeitpunkt, als zum ersten Mal nach 1959 in einem Tempel ein Sandmandala hergestellt wurde. Die Zahl der Mönche war inzwischen auf einige Hundert angestiegen. *J. Poncar*

 Riesenstatue von Maitreya in Tashilhunpo, Tibet, 1985

Umzäunung des Sandmandalas mit Opfergöttinnen, Tashilhunpo, Tibet, 1987

Sakya, Tibet, 1986

## Tibet · Der Westen

Buddhisten oder Hindus, von Bengalen im Osten oder Punjab im Westen oder von der heiligen Stadt Benares aus den lebenspendenden Strömen folgend: Alle pilgern an den hinter der Bergkette des Himalaja liegenden Mount Kailash im Westen Tibets, mit den Seen Manasarovar und Rakastal zu seinen Füßen. Beim Anblick des Mount Kailash haben sie die Strapazen der Pilgerfahrt vergessen. Für sie ist das Wasser des Mount Kailash, das in den See Manasarovar fließt, der Ursprung der vier großen Flüsse Nordindiens: Ganges, Indus, Brahmaputra und Sutlej. Kein Wunder, dass die Hindus den Mount Kailash als Sitz ihres Gottes Shiva und dessen Gemahlin Parvati identifizieren. Für die tibetischen Buddhisten heißt der Berg Gangrinpoche, Schneejuwel, und ist der Sitz von Chakrasamvara. Für alle ist der Berg auch Mount Meru, der Weltenberg im Zentrum des Universums.

Erst Anfang des 20. Jahrhunderts hat Sven Hedin, der große schwedische Entdecker, herausgefunden, dass die vier Flüsse nicht wirklich aus der gleichen Quelle stammen. Trotzdem ist es erstaunlich, dass sich die Flussquellen aller dieser Ströme in der unmittelbaren Umgebung von Mount Kailash und dem See Manasarovar (4.590 Meter über dem Meeresspiegel) befinden. Indirekt könnte man die Quelle des Sutlej, des größten Flusses im Punjab, in den See Manasarovar zurückverfolgen. Er entspringt wohl dem Nachbarsee Rakastal, der mit dem Manasarovar durch den Fluss Ganga Chu verbunden ist. Über der Stelle, wo Ganga Chu dem Manasarovar entspringt, erhebt sich die Chiu Gompa. Selbst diese kleine entlegene Gompa entkam nicht den Verwüstungen durch Rotgardisten. Bei meinem ersten Besuch 1985 war sie noch in Ruinen, aber als ich die Gompa bei der nächsten Reise im Sommer 1987 wieder sah, war sie erfreulicherweise bereits in Verwendung. *J. Poncar*

Der See Manasarovar und Mount Kailash, Tibet, 1985

 Chiu Gompa am Manasarovar-See, Tibet, 1987

 Purang, Tibet, 1985

 Purang, Tibet, 1987

Im Höhlentempel in Purang, Tibet, 1987

 Tholing, Tibet, 1985

 Tsaparang, Tibet, 1985

Tholing, Tibet, 1985

## Tibet · Tholing

Das Kloster Tholing war für 1000 Jahre das religiöse Zentrum Westtibets. Im späten 10. Jahrhundert vom damaligen König Westtibets Yeshe-Ö gegründet, war das Kloster maßgeblich an der Etablierung des Buddhismus in der Region beteiligt. Der leider nur als Ruine erhaltene Gyatsa-Tempel von Tholing (S. 229) ist einem indischen Kloster nachempfunden und datiert in die Gründungszeit. Von der Kunst der Gründungszeit sind allerdings nur Fragmente erhalten.

Im 15. und 16. Jahrhundert erlebte Westtibet eine zweite Blüte unter den Herrschern des Königreichs von Guge. Während sich die Kunst an der lokalen Tradition orientierte, wie sie in Tabo noch erhalten ist (S. 128 - 143), etablierte sich in der Region zu dieser Zeit auch die Gelug-Schule. Beides ist durch die wunderbaren Malereien im Roten Tempel von Tholing belegt, dessen Malereien hier vorgestellt werden. Besser bekannt sind die etwas späteren Malereien der Klosterburg von Tsaparang (S. 228), die auch als Sitz des Königs von Guge diente.

Eine Besonderheit der Kunst Guges ist, dass Mandalas meist nur in Form von Götterversammlungen dargestellt werden. Das gilt auch für die Mandalas des Roten Tempels, deren Gottheiten in regelmäßiger Anordnung von einer kontinuierlichen Lotusranke umgeben sind (S. 230). Diese und die reichen Details verleihen den Malereien einen besonderen Charakter. Rechts sind zwei der Mandalagottheiten im Detail wiedergegeben: Die eine Muschelschale in beiden Händen über den Kopf haltende Göttin ist Gandha, die Personifikation des Parfums, der Bodhisattva ist Vajraraja, der Vajra-König, der einen Elefantenhacken hält. Auf Seite 233 ist Vajraratna dargestellt, ebenfalls ein Bodhisattva aus dem Mandala der Diamantensphäre (Vajradhatu).

Der blaue Bodhisattva Vajrapani auf Seite 232 flankiert die Hauptfigur des Tempels, ist also wesentlich größer. Das ist auch aus den wunderbaren Details des in Gold gemalten Schmucks zu erkennen. Vergleicht man diese Darstellung mit der des Bodhiattvas Mahabala im Tabo Tsuglagkhang (S. 139), kann der direkte Bezug zwischen den Tholing-Malereien und der frühen westtibetischen Kunst gut nachvollzogen werden. *C. Luczanits*

 Versammlung von Mandala-Gottheiten, Roter Tempel, Tholing, Tibet, 1993

Gandha und Vajraraja, Roter Tempel, Tholing, Tibet, 1993

 Bodhisattva Vajrapani, Roter Tempel, Tholing, Tibet, 1993

Vajraratna, Roter Tempel, Tholing, Tibet, 1993

Im Roten Tempel von Tholing befindet sich auch eine vollständige Darstellung des Buddhalebens. Au der rechten Seite sehen wir Königin Maya auf einem Bett liegend, wie sie den Buddha in Elefantenform empfängt, das ist die buddhistische Variante der wunderbaren Empfängnis. Der Elefant ist in diesem Ausschnitt kaum zu erkennen, da nur noch sein Rücken und Schwanz hinter dem Oberkörper der Königin hervorragen. Die Geburt ist auf Seite 237 abgebildet, der künftige Buddha wird von der Seite der unter einem Baum stehenden Mutter geboren und Gott Indra empfängt ihn mit einem Tuch. Unmittelbar nach der Geburt wird der Neugeborene von Schlangenwesen mit heißem und kaltem Wasser gewaschen, schließlich macht er jeweils sieben Schritte in jede Himmelsrichtung, wobei unter jedem Schritt eine Lotusblüte entsteht. Ein Ausschnitt dieser zwei Ereignisse ist auf dieser Seite dargestellt.

Eine Besonderheit der Tholing-Malereien ist auch die Darstellung der 16 Arhats (Ehrwürdigen), direkte Schüler des Buddha, die nach einer späteren Auffassung den Auftrag haben, die buddhistische Lehre zu schützen. Auf Seite 236 ist der Arhat Angaja gezeigt, er hält ein Räuchergefäß und einen Fliegenwedel und residiert am Mount Kailash. In diesen Darstellungen sitzen die Arhats vor Miniaturlandschaften, hier ist es der von Wolken verhangene, von Tieren bewohnte und von Göttern verehrte Gipfel des Kailash.

*C. Luczanits*

 Sieben Schritte, Roter Tempel, Tholing, Tibet, 1993

Wunderbare Empfängnis, Roter Tempel, Tholing, Tibet, 1993

 Arhat Angaja, Roter Tempel, Tholing, Tibet, 1993

Geburt des künftigen Buddha, Roter Tempel, Tholing, Tibet, 1993

## Bhutan

Nachdem das Königreich Sikkim, der westliche Nachbar Bhutans, 1975 von Indien einverleibt wurde, blieb Bhutan das einzige unabhängige Königreich im Himalaja. Etwa so groß wie die Schweiz hat es jedoch weniger als eine Million Einwohner. Im Gegensatz zu allen anderen ehemaligen Königreichen im Westen oder im Zentrum der Himalajakette, die alle wüstenähnlich sind, ist dieses Land mit Monsunregen gesegnet und bis in die Höhe von über 4.000 Meter dicht bewaldet. Der überwiegende Teil der Bevölkerung sind Buddhisten, die vorwiegend dem Weg der Drukpa Kagyü-Schule folgen. Sie nennen ihre Klöster nicht Gompa, sondern „dzong" (Klosterburg). Ein Dzong ist sowohl ein Kloster als auch Sitz der Distriktverwaltung. Das Erscheinungsbild eines Dzongs hängt vom Reichtum des Distrikts ab. So ist Punakha Dzong (S. 242), der Wintersitz des Je Khenpo, des höchsten Lamas im Land, nicht mit dem Choeso Dzong zu vergleichen, der im Norden des Landes im entlegenen Lunana steht (S. 244). Es gibt keine sehr alten Dzongs, die meisten entstanden im 17. und 18. Jahrhundert und später. Neben den Dzongs prägen die unzähligen Gebetsfahnen das Landschaftsbild, während es im Westen des Himalajas hauptsächlich der Chorten (Stupa) ist. Die auf Fahnen gedruckten Gebete und Mantras werden vom Wind zu allen Lebewesen getragen.

Über die Frühzeit von Bhutan gibt es keine archäologischen oder schriftlichen Belege, und so ist man auf Legenden angewiesen. Der Buddhismus soll im 8. Jahrhundert durch den Magier Padmasambhava („Der Lotusgeborene") eingeführt worden sein. Neben ihm wird der Mönch Ngawang Namgyal (1594 - 1651), der Anfang des 17. Jahrhunderts ebenfalls aus dem benachbarten Tibet kam und als „shabdrung" („Kostbarer Juwel, vor dessen Füße man sich wirft") bezeichnet wird, am meisten verehrt. Er vereinigte die sich bis dahin bekriegenden Lokalfürsten und führte eine zweigliedrige theokratische Regierung ein. Ein Oberster Abt, der Je Khenpo, verwaltete die religiösen Institutionen, ein hoher Beamter mit dem Titel Druk Desi - oder Deb Raja, wie die britischen Reisenden ihn nannten - bekleidete das höchste weltliche Amt.

Der Punakha-Dzong (S. 242) wurde 1637 durch Ngawang Namgyal als Festung gegen die einfallenden Tibeter erbaut. Er brannte 1987 teilweise ab, wurde jedoch schnell wieder komplett aufgebaut und gilt als herausragendes Beispiel der Klosterarchitektur Bhutans. Anders als die anderen Dzongs im Land, liegt der Punakha-Dzong nicht auf einer Hügelkuppe oder Anhöhe, sondern in einem Tal, am Zusammenfluss der beiden Flüsse Mochu und Pochu. Am 7. Oktober 1994 wurde wiederum ein Teil des Dzongs durch ein starkes Hochwasser zerstört, er wurde jedoch mittlerweile wieder komplett restauriert.

Es ist aber ein Kloster, und nicht ein Dzong, das als Wahrzeichen von Bhutan gesehen werden kann: Taktsang, das „Tigernest" im Paro-Tal (S. 246). Auch dieses Kloster geht auf den Padmasambhava zurück, er soll auf dem Rücken einer fliegenden Tigerin aus Tibet an dieser Stelle angekommen sein. In einer Höhle, 800 Meter hoch im Felsen, soll er drei Monate, drei Wochen und drei Tage meditiert haben. Das Kloster entstand an dieser spektakulären Stelle erst im Jahr 1682. Im Jahr 1998 fing das Hauptgebäude des Klosters Feuer und brannte ab. Ein Mönch verlor dabei sein Leben. Die genaue Ursache des Feuers ist nicht bekannt. Der Wiederaufbau und die Restaurierung der Kunstobjekte wurde vom damaligen König Jigme Singye Wangchuck betreut und kostete über eine Million Euro.

*J. Poncar*

Paro Dzong, Bhutan, 1992

Tongsa Dzong, Bhutan, 1992

Bumtang Dzong, Bhutan, 2005

 Punakha Dzong, Bhutan, 1992

Choeso Dzong im Lunana-Distrikt im Norden, Bhutan, 1992

 Tigernest, Bhutan, 1992

**Jaroslav Poncar** wurde 1945 in Prag geboren. Heute lebt er in Köln, wo er zwischen 1973 und 2003 als Professor im Fachbereich Fotoingenieurwesen tätig war und im Jahr 2010 am Institut für angewandte Optik und Elektronik emeritiert wurde. Seine zahlreichen fotografisch motivierten Reisen führten ihn meistens in den Himalaja und nach Tibet, nach Zentralasien, Indien und nach Kambodscha. Seit 1976 entwickelte er eine besondere Vorliebe für die Panoramafotografie. Als erster Europäer durchquerte er 1985 Tibet in seiner gesamten Ost-West-Ausdehnung. Im Jahr darauf schloss er sich für längere Zeit tibetischen Nomaden an. 1987 erforschte er zusammen mit einem Filmteam das Quellgebiet der Flüsse Indus, Brahmaputra, Sutlej und Karnali. Publikationen wie *Ladakh - Land der Pässe, Tibet - Tor zum Himmel* und *Alchi-Ladakh's Hidden Buddhist Sanctuary* weisen ihn als gefragten Himalaja-Experten aus. Als Co-Direktor des *German Apsara Conservation Project* war er jahrelang im Rahmen des UNESCO-Programms zur Erhaltung von Angkor für die umfassendste Fotodokumentation über Angkor Wat in Kambodscha verantwortlich. Jaroslav Poncars Bücher und Kalender wurden mit vielen nationalen und internationalen Preisen ausgezeichnet. Die Bildbände *Angkor, Burma/Myanmar, Afghanistan*, *Himalaya* und *Tibet - Ein Blick zurück* sind in der Edition Panorama erschienen.

**Christian Luczanits** publiziert zur Kunst von Gandhara, des westlichen Himalaja und Tibets und kuratiert Ausstellungen zu diesen Regionen. Er lehrte an der Universitäten Wien, Berkeley, Freie Universität Berlin, Santa Barbara, und Stanford, und ist heute David L. Snellgrove Senior Lecturer in Tibetan and Buddhist Art an der School of Oriental and African Studies, University of London.

ISBN 978-3-89823-512-9

Design: Marcus Bela Schmitt, Edition Panorama & Jaroslav Poncar
Litho: Jaroslav Poncar, publish print R&R GmbH, Dudenhofen
Lektorat: Christophe Klimmer, Wolfgang Roth
Druck: Passavia Druckservice GmbH & Co. KG, Passau
Bindung: Conzella Verlagsbuchbinderei GmbH & Co. KG, Pfarrkirchen

EDITION PANORAMA GmbH
G7, 14
D-68159 Mannheim



www.editonpanorama.com

A production by EDITION**PANORAMA**

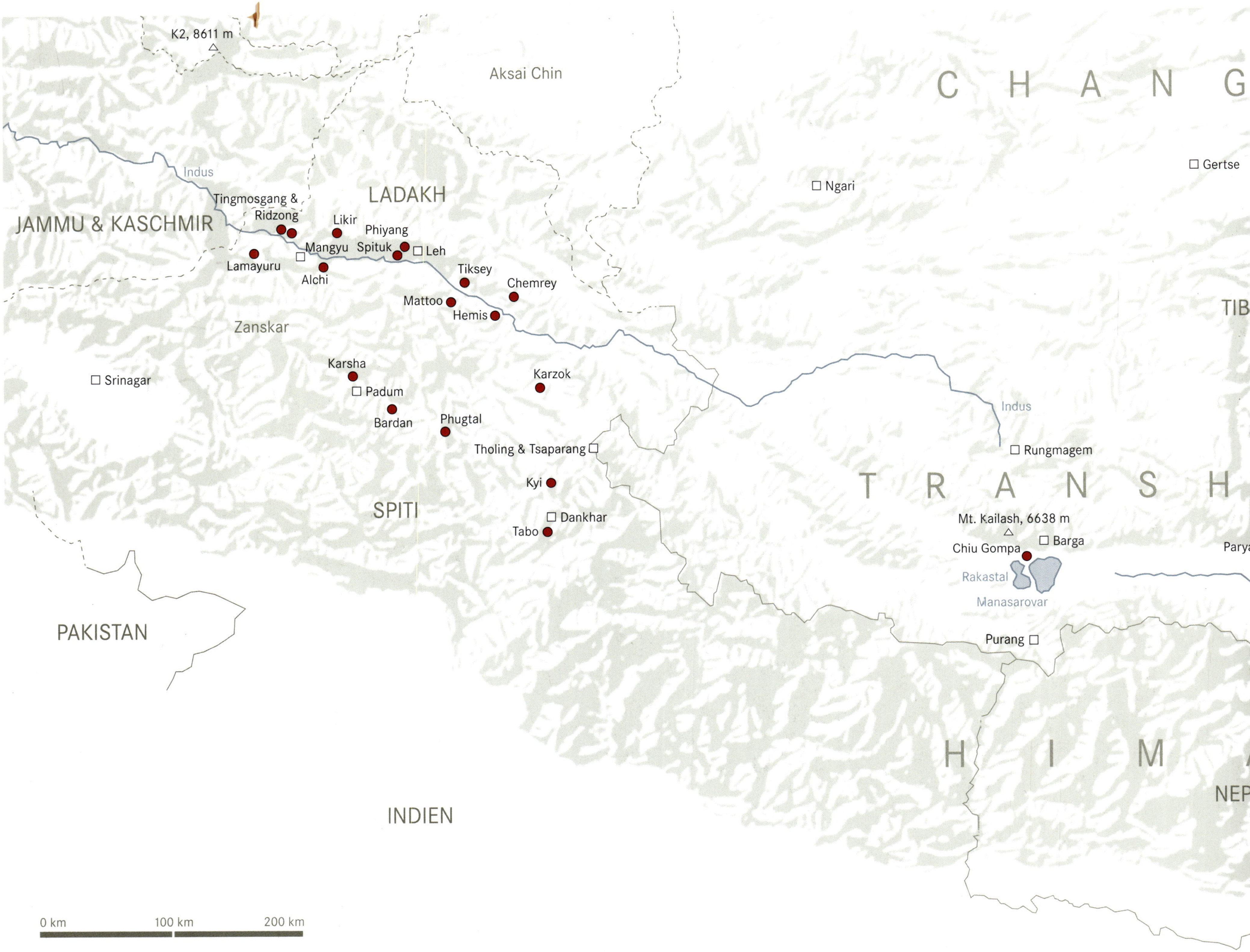

K2, 8611 m
Aksai Chin
C H A N G
Indus
Gertse
Ngari
LADAKH
Tingmosgang &
Ridzong
Likir
Phiyang
JAMMU & KASCHMIR
Mangyu
Spituk
Leh
Lamayuru
Alchi
Tiksey
Chemrey
Mattoo
Hemis
TIB
Zanskar
Karsha
Karzok
Srinagar
Padum
Bardan
Phugtal
Indus
Tholing & Tsaparang
Rungmagem
T R A N S H
Kyi
SPITI
Dankhar
Tabo
Mt. Kailash, 6638 m
Barga
Chiu Gompa
Parya
Rakastal
Manasarovar
PAKISTAN
Purang
H I M
NEP
INDIEN
0 km
100 km
200 km